ELIQ MARANIK

Smoothies & Co.
FÜR EINEN GESUNDEN DARM

h.f.ullmann

Dieses Buch ist meiner Freundin Helen gewidmet, die mindestens ebenso verrückt ist wie ich, wenn es gilt, Kuren, Elixiere und Heilmittel aufzustöbern, die gesund und nachhaltig sind, aber trotzdem lecker schmecken.

Danke für meinen ersten Scoby, für lange Gespräche, für Inspirationen, Tipps und Tricks, vor allem aber für zwanzig Jahre Freundschaft!

Inhalt

Vorwort 7

Eine gute Darmflora erhält die Gesundheit 8

Meine Leidenschaft für fermentierte Getränke 12

Kombucha 15

Scoby 19

Tipps und Sicherheit 21

Geschmacksvorschläge 22

Scoby – selbstgemacht 25

Kombucha natur 26

Kefir 29

Milchkefir 35

Wasserkefir 36

Griechischer Sahnekefirjoghurt 39

Kokoskefir & -joghurt 40

Hausgemachter Joghurt 43

Milder cremiger Kokosnussjoghurt 47

Rejuvelac 48

Green Kombucha Power 51

Gingy Pearbucha 52

Divine Strawberry Retreat 54

Mongolicious Love 57

Devilish Ginger Turmeric Kombucha 58

Papaya Passion 61

Dandelion Dream 62

Liquid Gold 65

Radical Beetroot Detox 66

Jungle Strawberry Fever 69

Energizing Spicy Green Fuel 70

Happy Grasshopper 73

Tibetan Delight 74

Californian Sunshine 77

Fountain of Youth 78

Hot Watermelon 81

Maqui Blueberry-bucha 82

Brain Power Fuel 85

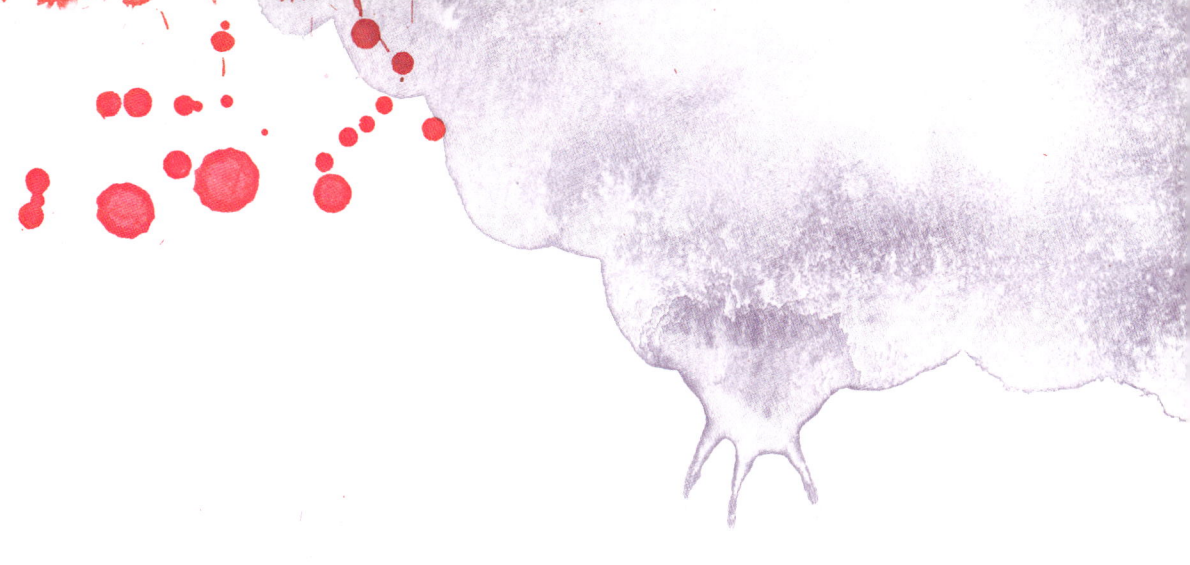

Strawberrita 86

Double Probiotic Potion 89

Pina Colada-bucha 90

Flower Power 93

Very Berry-beetbucha 94

Gingered Mangorita 97

Stinging Nettle Elixir 98

Mean Green Power Machine 101

Burning Beetroot Magic Meal 102

Carrot Coconut Power Meal 105

Elixir of Life 106

Minty Maple Blueberry Mojito 109

Raspberry Peach Dream 110

Buddha's Delight 113

Master Cleanse 114

Black Magic 117

Blueberry Lavendel Bliss 119

Nordic Love Story 120

Blackberry Beast 123

Melonberry 124

Green First Aid 127

Passionate Raspberry Romance 128

Mystical Garden 131

Minty Mango Lassi 132

Hibiscus Heaven 135

Love Potion 136

Morning Jump Start 139

Total Detoxification 140

Rise and Shine 143

Witches Brew 144

Pink Thunder 147

Blueberry Heaven 148

Rejuvenating Potion 151

Wild Flowerberry 152

Berrybucha 155

Tropical Wild Strawberry 156

Probiotic Weed 159

PROBIOTISCHE SMOOTHIES – EINE GESUNDE KOMBINATION AUS VITAMINEN, MINERALSTOFFEN UND GUTEN BAKTERIEN

Vor einigen Wochen war ich auf der Einweihungsfeier von OsteoStrong, einer Trainingsmethode, die meine Freunde Gary und Nicholas für ihre Klinik im spanischen Marbella übernahmen. Ich hatte zuerst absagen wollen, denn der Abgabetermin für das Buch, das Sie gerade in Händen halten, stand bevor, und ich war damit ohnehin bereits spät dran. Doch alles hat seine guten Seiten, denn ohne diese Party wäre mir nie klargeworden, warum mich Probiotika eigentlich so interessieren. Auf dem Fest lernte ich nämlich Dr. John Jaquish kennen, einen äußerst kundigen Arzt und Wissenschaftler aus San Francisco. Er stellte mir eine eigentlich ganz simple Frage, die mir jedoch vorher noch niemals irgendjemand gestellt hatte und über die ich selbst noch nie wirklich nachgedacht hatte. Er fragte mich, ob man mir als Kind oft Antibiotika verabreicht hatte. Soweit ich mich erinnern konnte, war dies nur bei ernsthaften Krankheiten geschehen. Doch weil ich mir unsicher war, bemühte ich mich nach der Begegnung mit Dr. Jaquish, das Vergessene oder Verdrängte wieder ins Gedächtnis zurückzurufen. Ich befragte meine Mutter, die mir erzählte, dass mir ab einem Alter von sechs Monaten jedes Jahr mehrmals Antibiotika verabreicht worden waren. Und auf einmal wurde mir klar, warum ich mein ganzes Leben lang mit Magenproblemen zu kämpfen hatte.

Plötzlich fügten sich die Puzzleteile meines Lebens zu einem Ganzen zusammen und ich begriff, warum ich schon seit meiner frühen Jugend solch ein Interesse daran hatte, alle möglichen Heilmethoden auszuprobieren, um meine ständigen Magenbeschwerden zu lindern – angefangen bei jährlichen Darmreinigungen über Heilkräuter und -präparate, Gesundheitselixiere, Probiotika-Medikamenten bis hin zu selbstgebrauten Heiltränken mit Kombucha, Kefir oder Joghurt.

Herzlichen Dank, Dr. Jaquish, für die spannende und aufschlussreiche Unterhaltung – ich hoffe, dass hier gerade viele gesunde Bakterien mitlesen!

Eliq Maranik,

Marbella, April 2017

Dr. John Jaquish ist der Entwickler von OsteoStrong, einer individuell abgestimmten Trainingsmethode zur allgemeinen Kräftigung des Körpers und Linderung von chronischen Schmerzen und Beschwerden, vor allem bei Osteoporose, einem meist altersbedingten Knochenverfall. Nachdem die Methode bei seiner eigenen Mutter gute Erfolge zeigte, konnte Dr. Jaquish seitdem Tausenden von Menschen damit helfen. Inzwischen haben wissenschaftliche Studien gezeigt, dass man Osteoporose durchaus lindern und heilen kann. Mehr zu diesem Thema finden Sie unter johnjaquish.com sowie bei www.osteostrong.me.

Eine gute Darmflora erhält die Gesundheit

Schon Hippokrates lehrte, dass alle Krankheiten im Darm ihren Anfang nehmen, und inzwischen ist allgemein anerkannt, dass eine gesunde Verdauung unabdingbar für eine gute Gesundheit ist.

PROBIOTIKA – DES DARMS BESTE FREUNDE

Wir leben in Symbiose mit nützlichen Magen-Darm-Bakterien, die uns gegen Infektionen und Krankheiten schützen. Im Magen-Darm-Trakt eines jeden Menschen befinden sich insgesamt etwa 10 Milliarden unterschiedliche Arten von gutartigen Darmbakterien, die man auch als die besten Freunde des Darms bezeichnen könnte.

Eine gesunde Darmflora und ein gesunder Magen sorgen dafür, dass wir unsere Nahrung optimal verwerten können. Die Darmbakterien spalten die Nahrung in ihre Bestandteile auf und unterstützen den Körper bei der Aufnahme der Nährstoffe. Ein gesunder Darm ist nötig, um die Vitamine B und K zu produzieren. Vitamin B12 entsteht im Dünndarm und Vitamin K sowie B1, 2, 6 und 9 werden im Dickdarm produziert. Sie sehen schon: gesunder Darm, gesunder Mensch!

Nützliche Bakterien stärken die Immunabwehr, schützen vor Allergien, Reizmagensyndrom, Magengeschwüren und Scheidenpilzen und lindern das Risiko von Nebenwirkungen bei Antibiotikaeinnahme. Sie helfen ebenfalls bei alltäglichen Beschwerden wie Durchfall, Verstopfung, Blähungen und Bauchschmerzen. Inzwischen wurden auch Hinweise darauf gefunden, dass die seelische und geistige Gesundheit im engen Zusammenhang zur Darmgesundheit steht.

PRÄBIOTIKA

Präbiotika ist der Sammelbegriff für Kohlehydrate, die vom Körper nur langsam aufgenommen werden, sowie für nicht verdauliche Fasern. Darunter befinden sich Oligosaccharide, die das Wachstum von gesunden Darmbakterien fördern. Präbiotika haben einen günstigen Einfluss auf den pH-Wert des Darms, fördern die Aufnahme von lebenswichtigen Mineralstoffen und mildern den schädlichen Einfluss von Zucker auf den Körper. Hülsenfrüchte, Milch, Zwiebeln, Tomaten, Bananen, Hafer, Knoblauch und Honig enthalten Präbiotika. Ein ausgewogenes Verhältnis von Präbiotika und Probiatika sorgt für eine gesunde Darmflora.

WIE ERNÄHRTEN SICH UNSERE VORFAHREN?

Die Nahrung des Menschen enthielt zu allen Zeiten probiotische Bakterien, doch unsere moderne Lebensweise unterscheidet sich dramatisch von der unserer Vorfahren. Heute essen wir viel Fertignahrung und stehen noch dazu unter Dauerstress. Es verwundert daher nicht, dass viele von uns an einer gestörten Magen-Darm-Flora leiden, die dem Wachstum von schädlichen Bakterien Vorschub leistet.

Wir haben schon immer gesäuerte Nahrung zu uns genommen, denn es ist eine einfache und natürliche Möglichkeit, nützliche, verdauungsfördernde Milchsäurebakterien aufzunehmen. Doch seit der Erfindung des Kühlschranks ist die Haltbarmachung durch Milchsäuregärung drastisch zurückgegangen.

Ich selbst versuche, möglichst wieder nach alter Sitte zu leben. Das bedeutet den Konsum von sauberer, unverfälschter Nahrung ohne chemische Zusätze sowie auf natürliche Weise durch Milchsäuregärung fermentierte Lebensmittel, die eine hervorragende Quelle von prä- und probiotischen Bakterien darstellen.

BAKTERIENKULTUR MIT STAMMBAUM

Wahrscheinlich haben die Menschen nicht immer genau gewusst, auf welche Weise bestimmte Nahrungsmittel für einen gesunden Magen und stabile Gesundheit sorgten, doch sie haben ganz sicher gemerkt, welche Nahrung ihnen guttat und welche nicht.

Kombucha-Tee ist ein sehr gesundes Getränk, das in China schon seit Jahrtausenden bekannt ist. Aus Asien kommen Sojasauce, Misosuppe und gesäuerte Gemüsegerichte wie Kimchi. Schon die alten Römer kannten das in Deutschland so beliebte Sauerkraut. In Indien trinkt man vor dem Essen das Joghurtgetränk Lassi, in Osteuropa kennt man das Sauermilchprodukt Kefir und der griechische und türkische Joghurt ist fast schon legendär.

DER MENSCH BESTEHT ZU 90 PROZENT AUS BAKTERIEN

In unserem Darm leben unzählige nützliche und schädliche Bakterien. Die Dünndarmwände enthalten kiloweise Bakterien – sie sind bedeckt von Milliarden Bakterien, die sich in 300–1000 verschiedene Arten unterteilen lassen. Unsere Ahnen könnten bis zu 2500 der 6500 bekannten Bakterienarten beherbergt haben. Diese Bakterien in unserem Körper sind zehnmal so zahlreich wie unsere Körperzellen. Da liegt es auf der Hand, dass unsere körperliche und geistige Gesundheit vom richtigen Gleichgewicht zwischen nützlichen und schädlichen Bakterien abhängt.

Heute gehören Schädlingsbekämpfung- und Konservierungsmittel, Nahrungszusätze, Antibiotika und Stress zum täglichen Leben. Damit geht einher, dass der Anteil der für uns so lebenswichtigen guten Darmbakterien immer geringer wird. Idealerweise sollten wir 80 Prozent „gute" und 20 Prozent „schlechte" Bakterien haben, doch bei vielen von uns hat sich durch schlechte und übersäuerte Kost das Verhältnis auf den Kopf gestellt.

PROBIOTIKA ALS TABLETTEN, PULVER UND KAPSELN

In den letzten Jahren ist das Interesse daran, mehr Probiotika einzunehmen, deutlich gestiegen. Leider wird die Mehrzahl der Probiotika, die wir in Form von Tabletten, Pulver und Kapseln kaufen können, synthetisch hergestellt und zuweilen sogar genetisch modifiziert. Außerdem enthalten die meisten von ihnen keine Präbiotika, die für eine gesunde Darmflora und das Wachstum von probiotischen Bakterien ebenfalls wichtig sind. Daher ist bei der Auswahl der Präparate Aufmerksamkeit geboten. Testen Sie sich vor allem langsam voran – verschiedene Produkte enthalten auch unterschiedliche Bakterien und nicht jeder kann alle gleich gut vertragen. Es befinden sich Hunderte von verschiedenen Bakterienarten im Darm, daher begünstigt eine große Auswahl von Bakterien in der Nahrung die Aufnahme derjenigen Arten in unseren Körper, die wir selbst am meisten benötigen. Ein Präparat mit zehn verschiedenen Bakterienarten ist daher besser als eines mit nur einer einzigen Art. Bei geringeren Beschwerden oder zur Vorbeugung reicht es oft aus, jeden Tag nur etwa 1–2 Milliarden Bakterien zusätzlich einzunehmen; bei schlimmeren Beschwerden, vor allem nach der Einnahme von Antibiotika, kann man bis zu 25–100 Milliarden täglich brauchen. Beginnen Sie jedoch langsam!

MILCHSÄUREPRODUKTE ALS FERTIGWARE

Wenn Sie weder Zeit noch Möglichkeit haben, Milchsäureprodukte selbst herzustellen, gibt es durchaus gute Produkte als Fertigware zu kaufen, und die Auswahl wird immer besser. Mehr und mehr Menschen haben verstanden, dass eine gute Ernährung unabdingbar ist für eine gesunde Darmflora. Kefir, Kombucha, Joghurt, Milchsäureprodukte, Sauerkraut, Kimchi, eingelegtes Gemüse, Sojasauce und Misosuppe sind nur einige der Produkte, die inzwischen bekannt sind. Studieren Sie jedoch das Etikett genau: Vor allem Milchsäureprodukte dürfen auf keinen Fall pasteurisiert sein, sonst verlieren sie ihre Wirksamkeit.

> Die Wände des Dickdarms beherbergen kiloweise etwa 300–1000 verschiedene Bakterienarten mit etwa 100 000 Milliarden Bakterien. Unsere Vorfahren beherbergten im Vergleich dazu 2500 der 6500 Bakterienarten, die wir heute kennen.

Oft werden sie einfach durch die Verwendung von Essig imitiert, und selbst auf natürlichem Wege hergestellte Produkte wurden oft bis zur Keimfreiheit erhitzt. Aber das bedeutet: keine probiotischen Bakterien weit und breit.

ANTIBIOTIKABEHANDLUNG

Manchmal ist es dennoch nötig, Antibiotika zu nehmen. Wenn das der Fall ist, empfiehlt es sich oftmals, möglichst gleichzeitig mit der Einnahme von Probiotika zu beginnen. Warten Sie nicht bis nach der Behandlung! Die meisten Antibiotika haben einen negativen Einfluss auf das Gleichgewicht der Darmflora, weil die schützenden probiotischen Bakterien abgetötet werden. Nicht selten zieht man sich beispielsweise nach der Antibiotikabehandlung eine Pilzinfektion zu.

KEIMFREI VOR DER GEBURT

Im Mutterleib ist das heranwachsende Kind praktisch keimfrei. Doch bereits während der Geburt ist es den Bakterien im Geburtskanal der Mutter ausgesetzt. Diese verbreiten sich schnell im Körper des Kindes. Durch einen Kaiserschnitt wird ein Kind mit weiteren Bakterien konfrontiert, die sich ebenfalls negativ auswirken können. Stillen ist daher wichtig, denn auf diese Weise nimmt das Kind nützliche Bakterien auf. Bei Kindern, die nicht gestillt wurden, hat man ein höheres Aufkommen von Allergien und eine geringere Bandbreite von Darmbakterien festgestellt.

MACHEN DARMBAKTERIEN DICK?

Man hat festgestellt, dass bestimmte Darmbakterien beeinflussen, wie viel Fett das Gewebe aufnimmt. Die Art der Bakterien beeinflusst außerdem das Hungergefühl und den Appetit auf bestimmte Nahrungsmittel. Demnach ist es möglich, dass zwei Menschen, die dasgleiche essen und denselben Sport treiben, auf unterschiedliche Weise abnehmen. Das beruht natürlich auf individuellen Faktoren, doch die Art der Darmflora ist einer davon. Unter gewissen Voraussetzungen können Darmbakterien also auch dick machen.

WOHER KOMMEN BLÄHUNGEN?

Jeder Mensch produziert täglich etwa zwei Liter Gas im Darm. Durch die Verbrennung der Nahrung im Körper entwickeln sich Kohlendioxid, Wasserstoff, Methangas sowie der nach faulen Eiern riechende Schwefelwasserstoff. Übelriechende Blähungen liegen also an einem Ungleichgewicht in der Darmflora und/oder Stoffwechselproblemen.

DER DARM, DAS ZWEITE HIRN

Der Darm produziert mehr Serotonin (das sogenannte „Glückshormon", das sich positiv auf die Stimmung auswirkt) als das Gehirn. Liegt es also am Darm oder am Hirn, wenn man sich niedergeschlagen fühlt? Wenn Niedergeschlagenheit, Unruhe oder gar Depression keine offensichtliche Ursache haben, kann also durchaus ein Problem im Magen-Darm-Trakt die Ursache sein …

NÜTZLICHE BAKTERIEN JEDEN TAG

Es gilt also, durch die Zufuhr von probiotischen Bakterien ein gesundes Gleichgewicht im Magen-Darm-Trakt herbeizuführen, damit der Stoffwechsel optimal vonstatten geht.
Dazu gibt es zwei Möglichkeiten:
♥ probiotische und fermentierte Nahrungsmittel
♥ probiotische Nahrungszusätze
Ich trinke jeden Tag ein Glas Kombucha oder ein anderes auf natürliche Weise fermentiertes Getränk. Unterwegs nehme ich Probiotika in Kapselform ein.

MEIN EMPFINDLICHER MAGEN

Der Einfluss der Darmflora auf Gesundheit und Wohlbefinden kann nicht stark genug betont werden. Ein Ungleichgewicht in der Darmflora führt zu körperlichem Unwohlsein. Viele physischen sowie psychischen Krankheiten sollen auf Stoffwechselstörungen zurückzuführen sein.

Ich hatte schon immer einen empfindlichen Magen und daher so ziemlich alles versucht, um die Folgen zu lindern. Für mich funktionieren Probiotika einfach am allerbesten – vorausgesetzt, dass ich sie regelmäßig aufnehme und dabei auf Abwechslung achte. Als sich dadurch das Gleichgewicht in meinem Magen-Darm-Trakt wieder einstellte, hatte das auch andere positive Effekte, unter anderem gesteigerte Energie, bessere Gesamtstimmung, einen gesünderen Schlaf und Gewichtsabnahme.

Nach Hunderten von mit Lesen und Ausprobieren verbrachten Stunden braue ich inzwischen meine probiotischen Getränke selbst. Das ist nicht nur kinderleicht, sondern auch preiswert und darüber hinaus lecker. In diesem Buch möchte ich meine Erfahrungen und Erkenntnisse mit Ihnen teilen.

Für ein gesundes Wohlbefinden braucht man nur regelmäßig Probiotika einzunehmen und dabei für ausreichend Abwechslung zu sorgen, beispielsweise mit Kefir, Kombucha, Rejuvelac, Joghurt, eingelegtem Gemüse oder Sauerkraut – um nur einige Möglichkeiten zu nennen.

Meine Leidenschaft für fermentierte Getränke

Ich liebe fermentierte Getränke, und ich stelle sie auch gern selbst her. Als ich klein war, gaben meine Großmutter und ihre Freundinnen mir oft so etwas zu trinken und vielleicht ist das der Grund für mein heutiges Interesse an einem gesunden Lebensstil. Natürlich hat meine Reise über den ganzen Erdball ebenfalls dazu beigetragen. Vor allem die wunderbaren makrobiotischen Bars in New York oder Florida haben es mir angetan.

Fermentierte Getränke enthalten Kohlensäure und erinnern daher ein wenig an Brauselimonade. Vielleicht beruht der enorme Erfolg der Erfrischungsgetränkeindustrie auf einer Art primitivem Gedächtnis unseres Körpers für die Art von Getränken, die uns einmal guttaten. Leider sind moderne Erfrischungsgetränke ja nun nicht gerade besonders gesund – und Probiotika enthalten sie ganz gewiss nicht. Aber ich hoffe, dass ich Ihnen mit diesem Buch Mut mache, einmal gesunde probiotische Getränke auszuprobieren, die randvoll mit Vitaminen, Mineralstoffen, Antioxidantien und Probiotika sind.

Meine drei Lieblingsgetränke sind:

- ♥ **KOMBUCHA**, das erste fermentierte Getränk, das ich auch selbst hergestellt habe. Ich mag Kombucha eigentlich jeden Tag lieber. Ich experimentiere nach Herzenslust mit Geschmacksvariationen und inzwischen mag ihn sogar meine dreijährige Tochter.
- ♥ **KEFIR**, dessen Herstellung ich schon als Kind von Großmutters Nachbarin gelernt habe.
- ♥ **REJUVELAC**, den ich seit der Lektüre von Ann Wigmores wunderbarem Buch – über die Heilwirkung von Weizengras – ebenfalls selbst herstelle.

Es ist natürlich möglich, mehrere probiotische Kulturen (Kombucha, Kefir, Rejuvelac, Sauerteig usw.) gleichzeitig zu unterhalten.

> **VORSICHT!**
> Halten Sie mindestens einen Meter Abstand zwischen den Kulturen, sonst können die Bakterien versehentlich in die Nachbarkultur geraten und diese dadurch verunreinigen.

Kombucha

Kombucha-Tee ist ein Heiltrunk mit langer Geschichte. In der traditionellen chinesischen Medizin gilt er als Getränk der Unsterblichen und Lebenselixier. Laut seinen Anhängern besitzt er viele gesundheitsfördernde Eigenschaften, u.a. Verbesserung der Verdauung, schönere Haut und Linderung von Schmerzen in Körper und Gelenken. Kombucha wirkt appetithemmend und hilft bei Magen-Darm-Problemen, z.B. Blähungen und Verstopfung. Außerdem soll er die Nebenwirkungen von Arzneimitteln mindern, die Immunabwehr stärken und damit Erkältungen und Grippe vorbeugen. Kombucha enthält darüber hinaus Milchsäurebakterien, Essigsäure, Polysaccharide, die Vitamine C, E, K, B1, B2, B3, B6 und B12 sowie die Mineralien Eisen, Natrium, Mangan, Magnesium, Kalium, Kupfer und Zink.

Ich persönlich liebe Kombucha heiß und innig, für mich ist er ganz einfach ein Zaubertrank. Ich trinke ihn jeden Tag und er schmeckt mir jedes Mal besser!

Vor ein paar Jahren schenkte mir meine Freundin Helen einen sogenannten Scoby *(Symbiotic Culture of Bacteria and Yeast)* – viele nennen ihn auch Kombucha-Pilz. Er ist jedoch kein Pilz, sondern eine Kultur aus Bakterien und Hefen, aus der Kombucha durch Fermentierung aus grünem Tee gewonnen wird (mehr dazu auf Seite 19). Seither habe ich damit literweise Kombucha gemacht und diesem durch eine zweite Fermentation neue Geschmacksrichtungen gegeben. Das Schöne an der „Kombucha-Mutter" ist, dass man beim Ansetzen des Tees immer neue „Babys" bekommt, die man dann an Freunde und Bekannte weiterverschenken kann. Ich lege meinen Babys immer eine liebevoll geschriebene Pflegeanleitung und Gebrauchsanweisung bei.

Ich kannte Tee-Pilze schon lange, bevor ich meinen eigenen bekam. Maria, die Nachbarin meiner Großmutter, trank täglich selbstgebrauten Kombucha, den ich als Kind als unappetitlich empfand. Nach meiner Erinnerung schmeckte er furchtbar sauer, fast wie Essig, und so etwas mögen Kinder nun einmal nicht besonders. Es dauerte viele Jahre, bis ich lernte, wie einfach der Pilz zu handhaben ist und dass man daraus Getränke mit so ziemlich jeder Geschmacksrichtung herstellen kann. Heute mache ich Kombucha, der mir schmeckt – und meiner kleinen Tochter auch. Vielen Dank, liebe Helen, dass du mich in die Kunst der Kombucha-Herstellung eingeweiht hast!

Vor etwa zehn Jahren kam Kombucha plötzlich wieder in Mode und seitdem gibt es ihn auch in Flaschen zu kaufen. Ich trank ihn begeistert auf Vernissagen und coolen Partys, auf denen auch andere angesagte alkoholfreie und gesunde Getränke ausgeschenkt wurden. Aber keines dieser Getränke war auch nur annähernd so gut wie der Kombucha, den ich heute selbst mache.

Obwohl ich im Laufe der Zeit schon ziemlich viel Kombucha selbst gebraut hatte und mir dabei einiges Wissen angeeignet hatte, verdanke ich mein heutiges Wissen letztlich einem ca. 400 Seiten starken Buch, das ich im Internet entdeckt hatte, nämlich *The Big Book of Kombucha* von Hannah Crum und Alex LaGory. Die Autoren sind echte Kombucha-Profis und auf ihrer Webseite KombuchaKamp.com kann man Scobys und jede Menge Zubehör bestellen. Dort findet man auch Rezepte und praktische Tipps und Tricks. Hannah und Alex: Ich hoffe, euch eines Tages bei einem Glas Kombucha zu treffen!

Es dauert ca. 8–10 Tage, eigenen Kombucha mit einem frischen Scoby anzusetzen – je höher die Zimmertemperatur, desto schneller geht es. Die Idealtemperatur liegt bei 23–29 ºC. Und man bekommt dabei jedes Mal einen neuen kleinen Scoby!

Das Endergebnis hängt von der Sauberkeit und den Zutaten ab. Vor allem darf das Wasser nicht gechlort sein. Es dürfen außerdem keine Spülmittelreste auf Händen, Flaschen oder Geräten zurückbleiben. Für die Ausrüstung sind Glas, Holz oder lebensmittelechtes Plastik am besten geeignet, obwohl ich selbst Plastik nicht besonders schätze.

Verwenden Sie jedoch niemals Keramikgefäße zum Ansetzen des Kombuchas, denn die Säure der Kultur kann in der Glasur enthaltene Schwermetalle freisetzen. Auch Metallgefäße, mit Ausnahme von Edelstahl, sollte man aus demselben Grund vermeiden.

Ich setze meinen Kombucha in 3- bis 5-Liter-Glasgefäßen mit Zapfhahn an, denn dann kann ich ihn probieren, ohne dabei die Kultur zu bewegen. Sauberkeit ist sehr wichtig! Das Gefäß muss anschließend mit heißem Wasser ohne Spülmittel gründlich ausgespült werden.

Richtige Profis messen auch den pH-Wert – fertiger Kombucha soll einen pH-Wert von 2,5–3,5 haben. Manche Experten empfehlen, den auf Flaschen gezogenen Kombucha anschließend mindestens fünf Tage reifen zu lassen und ihn dafür an einem kühlen Ort oder im Kühlschrank zu lagern. Dort bleibt er dann etwa ein Jahr lang trinkbar, wird aber im Laufe der Zeit saurer. Aus diesem Grunde sind auch manche gekauften Kombucha-Tees ziemlich sauer, sie schmecken fast wie Essig.

WARUM IST DIE KULTUR MISSLUNGEN?
Desinfizierende Seife sowie antibakterielle Zusätze in den Zutaten sind die häufigsten Ursachen dafür, dass eine Kombucha-Kultur misslingt. Befinden sich zu wenige Bakterien oder zu viel Säure in der Kultur (zu hoher pH-Wert) kann sich Schimmel bilden. Wenn das der Fall ist, bleibt Ihnen leider nichts anderes übrig, als das Ganze samt dem Scoby zu entsorgen und von vorn anzufangen. Das Gefäß muss anschließend sterilisiert werden und dann mehrere Tage an der Luft trocknen.

Man braucht einen gesunden Scoby sowie starken Kombucha, um eine Kultur anzusetzen. Der Kombucha muss mindestens 10 Tage, am besten jedoch 14 Tage lang fermentieren. Wenn Sie für den ersten Ansatz fertigen Kombucha kaufen, darf dieser weder pasteurisiert noch ungefiltert sein. Verwenden Sie außerdem möglichst Kombucha ohne Geschmackszusätze.

BRAUNE ODER KLARE FLASCHEN?
Kombucha wird meist in braunen Flaschen angeboten. Braunes Glas weist im Gegensatz zu hellen Flaschen das für Mikroorganismen schädliche UV-Licht ab. Unpasteurisierter Kombucha wird dadurch geschont und hält länger. Ich hebe daher braune Flaschen mit Schraubverschluss auf oder bekomme sie von Freunden geschenkt, die sie für mich sammeln.

WIE LANGE HÄLT SICH KOMBUCHA?
Nach den Lebensmittelvorschriften muss gekaufter Kombucha mit einem Haltbarkeitsdatum versehen sein, doch durch das saure Milieu verdirbt er eigentlich nicht, sondern wird einfach immer saurer. Das ist auch bei Kombucha mit anderen Geschmackrichtungen der Fall. Selbst gemachter Kombucha bleibt etwa ein Jahr lang genießbar. Am besten lagert man ihn nicht länger als ein paar Monate – bei mir dauert das ohnehin nicht so lange, weil er ganz einfach vorher alle ist!

GEKAUFTER KOMBUCHA
Wenn Sie Kombucha fertig kaufen, sollte er nicht pasteurisiert sein, denn dadurch gehen die wertvollen Nährstoffe und probiotischen Eigenschaften verloren und Sie bekommen dann im Grunde nichts Besseres als ein handelsübliches Erfrischungsgetränk.

KOMBUCHA-JOGHURT
Den Tipp mit Kombucha-Joghurt gab mir meine gesundheitsbewusste und experimentierfreudige Freundin Helen – mir selbst wäre so etwas gar nicht eingefallen. Aber: Probieren geht über Studieren, und ich war von dem Ergebnis begeistert.

Geschmack und Konsistenz hängen von der Qualität der Milch ab. Kombucha-Joghurt schmeckt etwas säuerlicher als handelsüblicher Joghurt. Sie brauchen dafür nur einen Liter Milch oder Nussmilch und einen Scoby, dazu ein sterilisiertes Glasgefäß, ein sauberes Baumwolltuch und ein starkes Gummiband, um das Tuch darauf zu befestigen. Den Scoby einfach in die Milch geben und 24–39 Stunden bei Zimmertemperatur stehen lassen. Es geht schneller, wenn man das Ganze für 6–8 Stunden bei 30 °C in den Ofen stellt.

DIE VIER ZUTATEN FÜR KOMBUCHA

WASSER
Das Wasser muss vorher abgekocht werden und darf nicht gechlort sein. In vielen Ländern wird Leitungswasser recht stark mit Chlor versetzt, um es keimfrei zu halten. Da Kombucha auf einer Bakterienkultur beruht, ist Leitungswasser daher nicht zu empfehlen. Bestenfalls wird dadurch die Fermentierung verlangsamt und schlimmstenfalls stirbt der Tee-Pilz ab.

TEE

Zur Herstellung von Kombucha kann man eigentlich jede Sorte von schwarzem, weißem oder grünem Tee verwenden. Vermeiden Sie jedoch Sorten, die mit ätherischen Ölen versetzt sind, wie zum Beispiel Earl Grey. Der Tee sollte zu 100% aus Teeblättern bestehen und aus biologischem Anbau kommen, denn Zusatzstoffe können auch hier die Bakterienkultur stören oder den Pilz ganz und gar töten. Lesen Sie vorher das Etikett sehr genau durch.

Den Tee aufbrühen und 10–15 Minuten zugedeckt ziehen lassen, damit sich genügend Stickstoff bildet, den die Hefepilze und Bakterien zum Wachsen benötigen. Manche Kombucha-Experten kochen die Teeblätter sogar 3–5 Minuten in dem Wasser auf. Ich habe beide Varianten ausprobiert und beide funktionieren ausgezeichnet.

Experimentierfreudige können ihr Glück (auf eigene Gefahr) auch mit Kräutertee und anderen Teesorten versuchen – es muss sich dabei eben nur ausreichend Stickstoff bilden, sonst gibt es keinen Kombucha. Doch auch dabei dürfen sich keine ätherischen Öle in der Teemischung befinden, denn das verträgt der Scoby gar nicht!

Kräuterteemischungen müssen mindestens 25 % schwarzen Tee enthalten, damit für genügend Stickstoff gesorgt ist. Andernfalls sollte man den Kombucha zumindest jedes dritte oder vierte Mal mit schwarzem Tee ansetzen, damit der „Mutterpilz" sein Nahrungsdefizit wieder ausgleichen kann. Experimentierfreudigen empfehle ich, mehrere Scobys in einem „Scoby-Hotel" bereitzuhalten. (Näheres dazu auf Seite 20.)

Bei uns zu Hause wird viel Tee getrunken. Ich verwende dafür eine japanische Teekanne aus Gusseisen (von Satake). Diese hält die Wärme sehr lange, wodurch die Teeblätter reichlich Zeit haben, um ihre Nährstoffe abzugeben. Ich selbst bevorzuge in meinem Kombucha den Geschmack von schwarzem Tee – aber die Geschmäcker sind ja bekanntlich verschieden!

ZUCKER

Eine Bakterienkultur braucht außerdem Zucker, um sich zu entwickeln. Der Zucker dient nur dazu, die Bakterien zu ernähren, der schlussendliche Zuckergehalt in Kombucha ist daher sehr niedrig. Der Zucker wird von der Hefe fast vollständig umgewandelt. In Teemischungen mit niedrigem Zuckergehalt (= weniger Kohlehydrate) bilden sich weniger aktive Substanzen, wodurch der Scoby buchstäblich verhungert. Dadurch wird der Kombucha sehr schwach und es kann sich darauf sogar Schimmel bilden.

Ich bevorzuge braunen, GMO-freien Rohrzucker (GMO = Gentechnisch modifizierter Organismus), aber im Grunde kann man jede Sorte von Rohrzucker verwenden. Manche Experten sagen, dass Zucker aus ökologischem Anbau am besten sei, da Mikroorganismen mit diesem Zuckertyp am besten gedeihen.

Man kann aber auch andere Zuckerquellen verwenden, beispielsweise Honig. Aber Vorsicht: Hier darf man keinen rohen Honig (= Naturhonig) verwenden, da dessen antibakterielle Eigenschaften die Kulturbildung hemmen. Ebenfalls geeignet sind zum Beispiel Rübensirup, Kokosblütenzucker, Agavensirup, Ahornsirup, brauner Reissirup, Glukose, Dextrose – doch auch hier kommt es sehr auf die individuelle Zusammensetzung an und wie gut die Mikroorganismen die angebotene Nahrung umsetzen können. Verschiedene Zuckertypen haben außerdem einen unterschiedlichen Beigeschmack.

Zuckeraustauschstoffe wie Steevia, Xylitol oder Fruktose-Glukose-Sirup funktionieren natürlich nicht zur Fermentation von Kombucha.

SCOBY

Näheres dazu auf Seite 19.

Scoby

Scoby steht für „Symbiotic Culture of Bacteria and Yeast". Die landläufigen Bezeichnungen Kombucha-, Wolga- oder Tee-Pilz sind daher irreführend, denn eigentlich handelt es sich hier um eine Symbiose von Hefepilzen und Milchsäurebakterien. Die Farbe des Scobys (auch Kombucha-Mutter genannt) variiert zwischen durchscheinend-hell bis teebraun und hängt vor allem davon ab, welche Art von Tee für das Ansetzen der Kultur verwendet wird und wie alt der Scoby ist. Je älter er ist, desto dunkler ist seine Farbe – und desto schwächer wird der Kombucha. Ein frischer Scoby ist leicht gelblich, gallertartig und fast durchsichtig, ein alter ist durch die Hefe dunkel und trüb geworden.

SCOBYS SELBST HERSTELLEN

Man kann nach der Anleitung auf Seite 17 in wenigen Wochen eine eigene Kombucha-Kultur anlegen. Das Entscheidende dabei sind peinliche Sauberkeit, gute Zutaten und chlorfreies Wasser. Es dürfen keine Rückstände von Spülmitteln auf den Geräten verbleiben und das Baumwolltuch muss sauber sein. Das Tuch dient dazu, Ungeziefer, Staub und unerwünschte Bakterien von der Kultur fernzuhalten, darf jedoch nicht so dicht gewebt sein, dass die Luftzirkulation unterbunden wird. Verreiben Sie einen Teelöffel fertigen Kombucha auf den sauberen Händen, bevor Sie den Scoby anfassen. Zum Ansetzen des Kombucha sind Glasgefäße am besten geeignet.

FRISCH, TIEFGEFROREN, GETROCKNET?

Wenn Sie die Kultur nicht selbst starten wollen und sich unter Ihren Freunden keine Kombucha-Fans befinden, die Ihnen ein „Kombucha-Baby" schenken können, schauen Sie sich einmal im Internet um. Es gibt inzwischen neben kommerziellen Anbietern auch viele Facebook-Gruppen, die Tipps und Tricks – und Kombucha-Babys – gratis untereinander austauschen.

Gekaufte Scobys sollten frisch und nicht im Kühlschrank aufbewahrt werden. Gefriergetrocknete, getrocknete oder tiefgefrorene Kulturen sind weniger leistungsstark, was das Risiko der Schimmelbildung erhöht. Auch die Größe spielt eine Rolle – „full size" ist besser als Exemplare, die aus Kostengründen im Reagenzglas gezogen wurden. Auch hier bedeuten kleinere Scobys weniger Leistung und höhere Anfälligkeit. Das Milieu muss sauer genug sein, damit die Milchsäurebakterien gedeihen und die Kultur gesund bleibt.

Frische Scobys werden meist in einem gepolsterten Umschlag zusammen mit einer ausführlichen Anleitung und einer Dosis Kombucha-Tee geliefert. Der Kombucha muss unbedingt zusammen mit dem Scoby verwendet werden, damit sich gleich das richtige Milieu entwickelt. Er sollte möglichst umgehend angesetzt werden – ist er zu kalt, lassen Sie ihn jedoch zuerst eine Weile in der Verpackung liegen, bis er Zimmertemperatur angenommen hat.

Achten Sie darauf, dass Zucker und Tee (aus biologischem Anbau, denn jede Art von chemischen Zusatzstoffen hemmen die Kulturbildung) zur Zeit der Lieferung vorrätig sind und dass das Paket nicht zu lange in der Sonne oder bei Minustemperaturen draußen gelegen hat.

SCOBYS SIND TEMPERATUREMPFINDLICH

Scobys vertragen weder zu viel Wärme noch zu viel Kälte; sie fühlen sich bei Temperaturen von 23–29 °C am wohlsten. Je kühler es ist, desto länger dauert die Fermentation. Temperaturen über 30 °C allerdings sollte man ebenfalls vermeiden.

Direktes Sonnenlicht schadet allen Fermentationsprozessen und damit auch der Kombucha-Kultur. Der Tee sollte niemals wärmer sein als 42 °C, denn zu große Hitze kann den Scoby schlimmstenfalls abtöten.

Man sollte ihn ebenfalls nicht für längere Zeit im Kühlschrank lagern. Selbst wenn er diese Kälte überlebt hat, wird er dadurch sehr geschwächt sein und so kann sich leichter Schimmel darauf bilden. Nach dem Kühltransport muss er unbedingt schonend auf Zimmertemperatur gebracht werden.

ABSPÜLEN ODER NICHT?

Normalerweise sollte ein Scoby nicht mit Wasser abgespült werden, da dadurch das ökologische Gleichgewicht der Kultur gestört wird. Der nächste Kombucha wird dann nicht gelingen oder es bildet sich Schimmel. Sollte es dennoch einmal nötig sein, etwa weil sich auf der Oberfläche zu viel Hefe abgelagert hat, legen Sie ihn unmittelbar danach mindestens einen Tag lang in fertigen Kombucha, damit er sich wieder erholt.

SCHWIMMEN ODER SINKEN?

Während der Fermentation in der Tee-Zucker-Lösung schwimmt der Scoby entweder obenauf, schwebt irgendwo in der Mitte der Flüssigkeit oder sinkt zu Boden. Bei jeder Fermentation entsteht außerdem ein neuer Scoby-Ableger. Dieser kann entweder mit der Mutter zusammenwachsen oder nicht. Auf alle Fälle kann man beide sehr leicht voneinander trennen, entweder um das Baby weiter zu verschenken oder um zwei Kombucha-Kulturen gleichzeitig anzusetzen.

EIN SCOBY-HOTEL

Überschüssige Scobys oder solche, die nicht ständig in Gebrauch sind (vielleicht, weil man nicht kontinuierlich neuen Kombucha herstellen möchte) kann man in einem Glasgefäß mit fertigem Kombucha verwahren. Die Öffnung auch hier mit einem sauberen Baumwolltuch bedecken und mit einem Gummiband befestigen. Stellen Sie das „Kombucha-Hotel" jedoch niemals in den Kühlschrank, denn das schwächt, wie bereits mehrfach erwähnt, die Kultur und begünstigt die Schimmelbildung. Der pH-Wert sollte idealerweise bei 2,5–3,5 liegen. Bei Zimmertemperatur kann das Glas etwa 6 Monate lang aufbewahrt werden – vermeiden Sie jedoch unbedingt direktes Sonnenlicht! Halten Sie ein Auge auf ihr Scoby-Hotel und füllen Sie wenn nötig alle 1–2 Monate neue Tee-Zucker-Lösung nach. Wenn sich zu viel Hefe gebildet hat, sollte man diese herausfiltern, denn das kann die Kultur beeinträchtigen.

WAS TUN, WENN MAN ZUVIELE SCOBYS HAT?

Im Internet gibt es eine Menge von nützlichen und kreativen Tipps, was man mit überschüssigem Kombucha-Pilz machen kann, darunter Gesichtsmasken, Hautcremes, Heilpflaster für Schnitt-, Schürf- und Brandwunden, Hundekuchen, Fruchtgelee, Sushi oder Fleischersatz – und vieles andere mehr. Wenn Ihnen das alles nicht zusagt: Werfen Sie Ihren Kombucha-Pilz einfach auf den Kompost, denn das ist guter Dünger!

SCOBYS VERSCHENKEN

Wenn sich der Scoby bei Ihnen wohlfühlt, wird er sich rasch vermehren – jedes Mal, wenn man eine neue Portion Kombucha ansetzt, um genau zu sein. Nach etwa 10 Tagen bildet sich auf der Oberfläche des Tees eine dünne Haut, die dann langsam zu einer durchscheinenden, gallertartigen Masse anwächst. Wollen Sie den Ableger verschenken, nehmen Sie ihn mit einem Löffel oder einer Zange aus Edelstahl, Holz oder Plastik – oder mit sauberen (und mit einem Teelöffel voll fertigem Kombucha abgespülten) Händen – aus dem Gefäß und geben ihn in ein mit Kombucha gefülltes Glas mit Schraubdeckel. Man kann für den Transport auch eine wiederverschließbare BPA-freie Plastiktüte verwenden, es ist nur wichtig, dass der Scoby ganz von der Flüssigkeit bedeckt ist.

Ein Scoby kann mehrere Jahre alt werden und dabei ziemliche Ausmaße erreichen. Ich tausche meine Kulturen allerdings von Zeit zu Zeit gegen frische aus. Man kann zu groß gewordene Scobys selbstverständlich auch in mehrere Stücke zerteilen und diese dann weiterverschenken. Ich selbst allerdings verschenke doch lieber die Babys, denn diese sehen wesentlich appetitlicher aus.

GESCHMACKSVARIANTEN DURCH DIE ZWEITE FERMENTATION

Obwohl ich Kombucha natur vor allem für meine Smoothies sehr schätze, ist Kombucha-Limonade mit Frucht-, Beeren- oder Kräutergeschmack auch etwas Schönes.

Die zweite Fermentierung ist kinderleicht und es macht einen Riesenspaß, neue Geschmacksrichtungen auszuprobieren. Dafür eignet sich eigentlich so ziemlich alles: Früchte oder Beeren, Kräuter, Blätter, Wurzeln und sogar essbare Blüten. Alle Zutaten müssen vorher gründlich gereinigt werden. Geben Sie die Geschmackszusätze gehackt, püriert, gefriertrocknet, gemahlen, tiefgefroren oder als Saft direkt in die Flaschen mit dem Kombucha und lassen das Ganze bei Zimmertemperatur stehen. Nach ein paar Tagen hat sich Kohlensäure gebildet und das Getränk kann dann in den Kühlschrank gestellt werden. Wenn Sie die Limonade länger als nur ein paar Tage dort lagern wollen, ist es am besten, sie abzuseihen, um die Fermentierung abzubrechen.

Je 500 ml Kombucha maximal 1 Esslöffel Geschmackszusätze verwenden. Kräuter und Wurzeln enthalten keinen Zucker und können etwas großzügiger dosiert werden. Und wie immer gilt: Probieren geht über Studieren!

Tipps und Sicherheit

Kombucha mit Geschmackzusätzen werden immer in zwei Schritten hergestellt:

- ♥ Die erste Fermentation erfolgt im Glasgefäß mit dem Scoby.

- ♥ Für die zweite Fermentation wird der fertige Kombucha zusammen mit den Geschmacksstoffen in Flaschen (oder Gläser) mit Korken oder Schraubverschluss gefüllt und zunächst für ein paar Tage bei Zimmertemperatur stehengelassen. Die fertige Limonade kommt dann in den Kühlschrank.

Es gibt bei der zweiten Fermentation allerdings ein paar Regeln zu befolgen, sofern Sie nicht die Küche – oder zumindest alles in Reichweite der Gefäße – neu streichen wollen.

- ♥ Glasflaschen müssen zuvor in kochendem Wasser sterilisiert werden. Es dürfen keine Spülmittelreste darauf verbleiben.

- ♥ Glasflaschen müssen drucksicher und fest verschließbar sein (entweder mit Korken oder Schraubverschluss, jedoch nicht aus Metall), da die Flaschen sonst explodieren können. Man kann die Flaschen zur Sicherheit in eine geschlossene Kiste (etwa eine Kühlbox) stellen, dann ist im Ernstfall der Schaden nicht so groß.

- ♥ Während der Fermentation kann man von Zeit zu Zeit den in den Flaschen entstandenen Druck etwas ablassen, indem man den Verschluss mit einem sauberen Handtuch sehr vorsichtig löst und die Luft entweichen lässt.

- ♥ Vorsicht bei den Geschmacksstoffen – die Menge sollte 5–10 % nicht übersteigen. Vor allem bei zuckerhaltigen Substanzen bilden sich sehr schnell Gase, die beim Öffnen der Flaschen explosionsartig entweichen können. Glauben Sie mir: Ich weiß, wovon ich rede! Je höher der Fruchtanteil, desto größer ist die Explosionsgefahr. Ich habe meine Küche mehrmals vom Boden bis zur Decke geschrubbt und neu gestrichen. Vor allem Heidelbeer-Kombucha sollte man mit Respekt behandeln. Auch Pürees und getrocknete Früchte haben einen hohen Zuckeranteil. Ich verwende für eine 500 ml-Flasche maximal 1 Esslöffel voll Obst, Beeren oder Püree. Bei Kräutern, Gewürzen oder Zitrusschale muss man nicht so vorsichtig sein, da diese keinen Zucker enthalten.

- ♥ Die Flaschen vor dem Öffnen keinesfalls schütteln! Sie haben es hier mit einem kohlensäurehaltigen Getränk zu tun, das in der Flasche unter Druck steht, ähnlich wie Sekt oder Brauselimonade.

- ♥ Es ist von Vorteil, den fertigen Kombucha vor dem Öffnen für einige Stunden in den Kühlschrank zu stellen.

- ♥ Wenn Sie das Getränk bei Festen servieren wollen, ist es am besten, die Flaschen bereits vorher zu öffnen oder in einen Krug umzufüllen, um Unfälle zu vermeiden. (Kyle, es tut mir immer noch leid, dass dein Hemd direkt vor deiner Rede auf der Einweihung von Osteo-Strong vollgespritzt wurde. Gottseidank hattest du eines zum Wechseln dabei …)

- ♥ Wenn Sie größere Umstände vermeiden wollen, können Sie die zweite Fermentation in demselben Behälter wie die erste ansetzen, sofern dieser einen fest verschließbaren Deckel hat. Dafür zuerst den Scoby herausnehmen und genügend Kombucha für eine neue Kultur abfüllen. Dann die Geschmacksstoffe zugeben und den Deckel fest schließen, sofern man ein kohlensäurehaltiges Getränk haben möchte. Je größer die Gefäßöffnung, desto geringer ist die Spritzgefahr. In diesem Falle kann man eine etwas höhere Dosis von Geschmacksstoffen verwenden. Nach 2–4 Tagen kann der Kombucha abgeseiht und auf drucksichere Flaschen gezogen werden.

Geschmacksvorschläge

Hier finden Sie all meine Favoriten (jeweils für 500 ml Kombucha).

- 1 EL Beeren oder pürierte, zerdrückte oder fein gehackte Früchte oder Saft
- 1–2 EL Kräuter- oder Gewürzmischung oder Kräutertee
- **Vanille** (1 Msp Pulver oder ½ Vanillestange, der Länge nach spalten und das Mark auskratzen)
- **Himbeer-Minze** (1 EL zerdrückte Himbeeren, 1 EL gehackte Minze)
- **Ingwer** (2–3 cm Bio-Ingwer in dünnen Scheiben)
- **Blaubeer-Vanille** (1 EL Heidelbeeren, frisch oder gefroren und leicht abgetaut)
- **Apple Pie** (1 EL Apfelsaft und 1 TL Zimt oder Chai-Kräuter)
- **Kurkuma** (1–2 cm frische Bio-Kurkumawurzel in dünnen Scheiben)
- **Erdbeer-Banane** (2 EL zerdrückte Banane, 1 EL zerdrückte oder gehackte Erdbeeren)
- **Kakao-Banane** (2 EL zerdrückte Banane, 1 TL Kakaopulver)
- **Rosen-Aprikosen** (1 frische Aprikose in Scheiben, 1 EL Rosenblätter)
- **Master Cleanse** (¼ Apfel, gehackt, 1 Msp Limettenzeste, 2 EL echter Ahornsirup, 1 Prise Chili)
- **Cranberry Vanille** (1 EL frische oder gefrorene Cranberrys oder Preiselbeeren, 1 Msp Vanillepulver)
- **Hot Date** (1 große oder 2 kleine gehackte Datteln, 1 Prise Cayennepfeffer)
- **Brombeer-Vanille** (4–5 zerdrückte oder gehackte Brombeeren, 1 Msp Vanillepulver)
- **Turkish Coffee** (1 gehackte Dattel, 1 EL starker Kaffee oder 1 TL Bio-Kaffeepulver, 1 Prise Kardamom)
- **Cold Fighter** (1 TL Sanddornpulver, 1–2 cm frischer Ingwer und 1 Stück frische Kurkumawurzel, in dünnen Scheiben)
- **Pfefferkuchen** (1 TL Pfefferkuchengewürz oder 1 TL Kräutermischung: schwarzer Pfeffer, Gewürznelken, Zimtstange, Pomeranzenschale)
- **Papaya-Maracuja** (1 EL Papaya-Nektar oder zerdrückte Papaya, 1 Msp Zitronenzeste, 1 TL Maracujasaft)
- **Pina Colada** (1 EL gehackte Ananas, 1 TL Kokosflocken)
- **Tropencocktail** (1 EL Ananassaft, 1 EL gehackte Mango, 1 TL Maracujasaft)
- **Himbeer-Maracuja** (2 EL Maracujasaft, 1 TL zerdrückte Himbeeren, 1 Msp Limettenzeste)
- **Rosinenplätzchen** (1 EL Bio-Rosinen, 1 Msp Zimt, 1 Msp Vanillepulver)
- **Rhabarberkuchen** (1 EL gehackter Rhabarber, 1 Msp Zimt, 1 Msp Kardamom)
- **Hagebutte-Rose** (1 EL getrocknete Hagebutten, 1 EL Rosenblätter)
- **Superbuzz** (1 TL Honig, 1 TL Blütenpollen, 1 TL Maca-Pulver, 1 TL getrocknete Kamillenblüten)
- **Goji Delight** (1 EL getrocknete Goji-Beeren, 1 cm Ingwer, in dünnen Scheiben)
- **Mochabucha** (1 Msp Roh-Kakaopulver, 1 TL Bio-Kaffeepulver)
- **Rote Bete** (1 Prise schwarzer Pfeffer, 1 EL frische Rote Bete, gehackt)
- **Spicy Carrot** (1 EL frische gepresster Möhrensaft, 1 Prise Cayennepeppar)
- **Virgin Mojito** (1 EL Minze, ½ TL Limettenzeste)
- **Orange Blaster** (1 EL frisch gepresster Orangensaft, 1 Msp Zimt, 1 Stück Kurkumawurzel, in dünnen Scheiben)
- **Zitrus Kick** (1 EL frische gepresster Mandarinen- oder Orangensaft, ½ TL Mandarinen- oder Orangenzeste, ein paar Orangeblüten)
- **Lakritz** (1 EL gemahlene Süßholzwurzel, 1 TL Honig)

Scoby – SELBSTGEMACHT

SIE BRAUCHEN DAFÜR:

- 1 EL oder 3–4 Beutel Bio-Tee, schwarz, grün oder weiß
- 1 l chlorfreies Wasser
- 45–50 g Bio-Rohrzucker
- 1 Flasche fertiger, ungefilterter Kombucha, nicht pasteurisiert
- Teekanne, gern aus Gusseisen
- Topf, Sieb, Löffel, Messer, Trichter
- Glasbehälter mit großer Öffnung (mindestens 1,5 l Fassungsvermögen)
- Sauberer Baumwollstoff oder Küchenhandtuch, Gummiband
- Drucksichere, fest verschließbare Flaschen

SO WIRD'S GEMACHT:

1. **ZUBEHÖR REINIGEN.** Hygiene ist das A und O. Das Zubehör muss sauber und ohne Spülmittelrückstände sein, da sich sonst keine Milchsäurebakterien bilden können. Ich desinfiziere meine Glasgefäße mit kochendem Wasser, das reicht völlig aus und ist rückstandsfrei.

2. **STARKEN TEE AUFBRÜHEN.** Den Tee in die Kanne geben, mit kochendem Wasser aufbrühen und den Deckel auflegen. Tee für Kombucha muss lange ziehen, mindestens 10–15 Minuten, damit sich genug Stickstoff bildet, den die Säurebakterien und Hefepilze als Nahrung benötigen. Den Tee abseihen bzw. die Teebeutel entfernen und den Zucker darin auflösen. Die Mikroorganismen brauchen den Zucker zum Wachsen, der Kombucha enthält später kaum noch Zucker.

3. **KÜHLEN.** Den Tee auf maximal 40 °C abkühlen lassen. Es geht schneller, wenn man ihn dafür in einen Topf mit kaltem Wasser stellt.

4. **KOMBUCHA ZUGEBEN.** Den Tee in den Glasbehälter geben und eine ganze Flasche unpasteurisierten Kombucha zusetzen. Tee und Kombucha sollen im Verhältnis 3:1 bis 5:1 zueinander stehen. Sie brauchen also 3- bis 5-mal soviel Tee wie Kombucha. Den Baumwollstoff mit dem Gummiband über die Öffnung spannen, um Ungeziefer und Staub fernzuhalten.

5. **FERMENTIERUNG.** Den Behälter an einen warmen, geschützten Platz stellen, die Idealtemperatur liegt zwischen 23 und 29 °C. Starkes und direktes Sonnenlicht schadet dem Kombucha. Die Flüssigkeit 3–4 Wochen ohne Umrühren stehen lassen, bis der Tee nach Essig riecht und sich eine ½–1 cm dicke Gallertschicht darauf gebildet hat – das ist der Scoby. Der ist jetzt fertig zum Gebrauch.

6. **SCOBY HERAUSNEHMEN.** Den Kombucha-Pilz mit einem sauberen Löffel oder sauberen Händen aus der Flüssigkeit heben (die spülmittelfreien Hände vorher mit 1 TL Kombucha befeuchten) und in einem sauberen Glasgefäß ablegen. Den Behälter anschließend reinigen, damit darin mit dem neuen Scoby neuer Kombucha angesetzt werden kann.

7. **DEN KOMBUCHA AUF FLASCHEN ZIEHEN.** Behalten Sie ca. 200 ml Kombucha zurück (Achtung: nicht vom Boden des Gefäßes!), um damit eine neue Fermentation anzusetzen. Ich verwende ca. 10 % Kombucha in lauwarmem, gesüßtem Tee und lege dann den Scoby hinein. Den fertigen Kombucha auf möglichst dunkle Flaschen ziehen; den Bodensatz in dem Gefäß am besten vorher durch ein Sieb gießen. Nun kann der erhaltene Kombucha, wenn gewünscht, in einer zweiten Fermentation mit Geschmacksstoffen versetzt werden.

8. **LAGERN.** Den Kombucha möglichst kühl und dunkel lagern (dunkle Glasflaschen sind besser als helle). Er bleibt dann mindestens ein Jahr lang trinkbar, wird allerdings im Laufe der Zeit immer saurer. Mein eigener Kombucha wird allerdings meist innerhalb von einer Woche verbraucht! Mehr über Kombucha erfahren Sie auf Seite 15.

9. **NEUEN KOMBUCHA ANSETZEN.** Den selbst gemachten Scoby (siehe dazu Seite 19) mit dem zurückbehaltenen Kombucha für eine neue Kultur verwenden. Dafür die Prozedur von Schritt 1 an wiederholen, hier jedoch keinen gekauften Kombucha verwenden (wie in Schritt 4), sondern den selbst gebrauten. Wenn der Scoby etwas gewachsen ist, verwenden Sie eine Portion fertigen Kombucha und den Scoby, um den Prozess in Gang zu setzen.

Kombucha natur

SIE BRAUCHEN DAFÜR:

- ♥ 2 EL oder 6–8 Beutel Bio-Tee, schwarz, grün oder weiß
- ♥ 1 l chlorfreies Wasser
- ♥ 90–100 g Bio-Rohrzucker
- ♥ 1 Kombucha-Pilz (Scoby)
- ♥ 200 ml ungefilterter Kombucha, nicht pasteurisiert
- ♥ Teekanne, gern aus Gusseisen
- ♥ Topf, Sieb, Löffel, Messer, Trichter
- ♥ Glasbehälter mit großer Öffnung (mindestens 1,5 l Fassungsvermögen)
- ♥ Sauberer Baumwollstoff oder Küchenhandtuch, Gummiband
- ♥ Drucksichere, fest verschließbare Flaschen

SO WIRD'S GEMACHT:

1. **ZUBEHÖR REINIGEN.** Das Zubehör muss peinlich sauber und ohne Spülmittelrückstände sein.

2. **STARKEN TEE AUFBRÜHEN.** Den Tee in die Kanne geben, mit kochendem Wasser aufbrühen und den Deckel auflegen. Tee für Kombucha muss lange ziehen, mindestens 10–15 Minuten, damit sich genug Stickstoff bildet. Experten empfehlen, den Tee dafür einige Minuten zu kochen. Den Tee abseihen bzw. die Teebeutel entfernen und den Zucker darin auflösen. Die Mikroorganismen brauchen den Zucker zum Wachsen, der Kombucha enthält später kaum noch Zucker.

3. **KÜHLEN.** Den Tee auf maximal 42 °C abkühlen lassen. Es geht schneller, wenn man ihn dafür in einen Topf mit kaltem Wasser stellt.

4. **KOMBUCHA ZUGEBEN.** Den Tee in den Glasbehälter geben, den fertigen Kombucha zusetzen, umrühren und den Scoby zugeben. (Wenn der Scoby neu gekauft wurde, den mitgelieferten Kombucha dafür verwenden.) Tee und Kombucha sollen mindestens im Verhältnis 10:1 stehen. Sie brauchen also 10-mal soviel Tee wie Kombucha, damit die Kultur in Gang kommt. Den Baumwollstoff mit dem Gummiband über die Öffnung spannen, um Ungeziefer und Staub fernzuhalten.

5. **FERMENTIERUNG.** Den Behälter an einen warmen, geschützten Platz stellen, möglichst einige °C über Zimmertemperatur. Die Idealtemperatur liegt zwischen 23 und 29 °C. Die Kultur mindestens 8–14 Tage stehen lassen – je wärmer es ist, desto schneller geht es. Starkes und direktes Sonnenlicht schadet dem Kombucha.

6. **SCOBY HERAUSNEHMEN** Den Kombucha-Pilz mit einem sauberen Löffel oder sauberen Händen aus der Flüssigkeit heben (Vorsicht: Spülmittelrückstände vermeiden!) und in einem sauberen Glasgefäß ablegen und den Behälter reinigen, damit darin neuer Kombucha angesetzt werden kann. Notfalls unter fließendem Wasser kurz abspülen, aber dann muss der Scoby mindestens 1 Tag ruhen, um sich zu erholen.

7. **KOMBUCHA AUF FLASCHEN ZIEHEN.** Behalten Sie ca. 200 ml Kombucha zurück, um damit eine neue Fermentation anzusetzen. Ich gebe ca. 10 % Kombucha in den lauwarmem, gesüßten Tee und lege dann den Scoby hinein. Den Rest auf möglichst dunkle Flaschen ziehen. Nun kann der erhaltene Kombucha, wenn gewünscht, in einer zweiten Fermentation mit Geschmacksstoffen versetzt werden. Diese in die Flaschen geben, die Korken fest schließen und 3–5 Tage dunkel und warm lagern. Danach können die Flaschen in den Kühlschrank gestellt werden.

8. **LAGERN.** Den Kombucha möglichst kühl und dunkel lagern (dunkle Glasflaschen sind besser als helle). Er bleibt dann mindestens ein Jahr lang trinkbar, wird im Laufe der Zeit jedoch immer saurer.

9. **NEUEN KOMBUCHA ANSETZEN.** Den selbst gemachten Scoby (siehe dazu Seite 19) mit dem zurückbehaltenen Kombucha für eine neue Kombucha-Kultur verwenden. Dafür die Prozedur von Schritt 1 an wiederholen, hier jedoch keinen gekauften Kombucha verwenden (wie in Schritt 4), sondern den selbst gebrauten. Wenn der Scoby etwas gewachsen ist, müssen Sie eine Portion fertigen Kombucha und den Scoby verwenden, um den Prozess in Gang zu setzen.

Kefir

Der Geschmack von Kefir ist für mich eine Reise zurück in die Erinnerung an meine Kindheit im sowjetisch besetzten Estland in den 1980er- und frühen 1990er-Jahren. Damals stellte meine geliebte Großmutter ihre eigene Sauermilch her. Wir hatten keinen Zugang zu Joghurtkulturen und es war so eine Sache, Kefir zu kaufen, denn die Regale in den Geschäften waren meistens leer. Doch die alte Tante Maria von nebenan, eine Freundin meiner Großmutter, hatte stets selbstgemachten Kefir vorrätig.

Ich erinnere mich gut, wie ich als Vier- oder Fünfjährige Himbeeren, Erdbeeren, Schwarze Johannisbeeren, Heidelbeeren und andere leckere Sachen aus Großmutters Garten zerdrückte und mit meinem Kefir oder meiner Sauermilch verrührte. Manchmal kam auch ein Löffel Honig aus den Bienenstöcken einer Nachbarin mit hinein. Später wurde mir klar, dass ich schon damals, nur mit einer Gabel ausgerüstet, Smoothies gemacht hatte – und die waren alles andere als schlecht!

Maria hat einen Ehrenplatz in meinem Herzen. Ich erinnere mich noch deutlich an ihre spannenden und haarsträubenden Erzählungen von ihrer schmerzlichen Vergangenheit – wie sie im Jahr 1940 mit Mann, zwei Söhnen und einer neugeborenen Tochter mitten in einer kalten Winternacht nach Sibirien deportiert wurde. Dort lebte sie viele Jahre lang und ihre Erfahrungen haben mich für das ganze Leben geprägt. Maria musste lernen, wie man von der Hand in den Mund lebt – und sie hat das mit Bravour bestanden. Sie fuhr bis zu ihrem 90. Lebensjahr Fahrrad und wurde 93 Jahre alt.

Maria hat mir auch das Backen beigebracht – wunderbares Roggenschwarzbrot aus Sauerteig – und wie man Kefir macht. Sie servierte uns fermentierten Tee – Kombucha! – den ich damals allerdings nicht so richtig zu schätzen wusste. Und ich durfte ihren neu angesetzten Kvass probieren, ganz zu schweigen von den vielen anderen leckeren und gesunden Sachen, die es bei ihr immer gab.

Eine andere Sache, die ich Maria zu verdanken habe, ist meine Leidenschaft für Buchweizen. Meine Freunde können bezeugen, dass ich ihn mindestens dreimal in der Woche esse. Maria knabberte ständig auf Buchweizenkörnern herum, die sie in der Rocktasche bei sich trug. Als ich sie einmal danach fragte, erzählte sie mir, dass sie und ihre Familie auf diese Weise überlebt hatten, damals im kalten Sibirien, wo es im Winter kälter als minus 40 °C wurde.

GESUNDHEITSFÖRDERNDE EIGENSCHAFTEN

Kefir ist ein fermentiertes, säuerliches und manchmal leicht moussierendes Milchgetränk. Er stammt ursprünglich aus dem Kaukasus und soll der Grund dafür sein, dass die Kaukasier bis ins hohe Alter so kerngesund sind. In den letzten hundert Jahren war Kefir in Russland und anderen Ländern Osteuropas sehr beliebt. Inzwischen kennt man ihn eigentlich rund um den Erdball. Es ranken sich viele Mythen und Legenden um den Kefirpilz, doch niemand kann sagen, woher er wirklich kommt.

Leider wird handelsüblicher Kefir oft pasteurisiert und seine Bakterienvielfalt ist sehr begrenzt. Außerdem enthält Kefir oft viel Zucker, was nicht besonders gesund ist. Höchste Zeit, die Sache selbst in die Hand zu nehmen!

Kefir ist gut für Menschen mit Colitis ulcerosa oder Reizmagensyndrom, denn er steigert die Produktion entzündungshemmender Cytocine (eine Protein-Art), die Darminfektionen lindern kann. Und da die Haut ein Spiegelbild des Darmsystems ist, hilft Kefir auch bei Ekzemen, Akne, Rosacea und Allergien.

Kefir hat einen niedrigen Laktoseanteil und kann bei Laktoseintoleranz sogar den Abbau von Milchzucker erleichtern.

Außerdem hat Kefir antibakterielle Eigenschaften und hilft daher sowohl innerlich und äußerlich gegen Pilzinfektionen. Viele Frauen leiden an dem Scheidenpilz Candida, was nicht selten auf Übersäuerung durch schlechte Ernährung zurückzuführen ist. Meine Großmutter gab mir den Rat, Kefir direkt in die Scheide einzuführen. Später riet mir eine Hebamme, einen Tampon in Kefir zu tauchen. Allerdings sind Tampons meist voller chemischer Bleichmittel und daher kann ich diese Methode nicht guten Gewissens weiterempfehlen.

In meiner Kindheit verwendete man Kefir auch zur Linderung von leichten Brandwunden und Sonnenbrand. Unsere Vorfahren wussten viele Dinge, die uns inzwischen verloren gegangen sind.

MIKROORGANISMEN

In selbstgemachtem Kefir befinden sich viele verschiedene Arten von Mikroorganismen in Form von Hefepilzen und nützlichen Bakterien. Im Gegensatz zu gekauftem Joghurt, der nur etwa sieben Arten von Bakterien enthält, findet man in Kefir mehr als 50 Stämme. Außerdem überleben die Bakterien aus „normalem" Joghurt im Körper höchstens einen Tag lang, während die Bakterien von selbstgemachtem Kefir viel länger überdauern und sogar eine Antibiotikabehandlung überstehen können. Die Hefepilze unterstützen die Verdauung und stärken die Immunabwehr.

Daneben enthält Kefir Vitamine, Mineralstoffe, Proteine und Aminosäuren, Enzyme sowie Prä- und Probiotika. Er ist reich an Thiamin, Vitamin B12, Folsäure, Vitamin K2 sowie Kalzium, Magnesium und Phosphor.

Kurz gesagt ist Kefir – neben Kombucha – wohl so ziemlich das gesündeste Nahrungsmittel überhaupt. Mehr über Kombucha erfahren Sie ab Seite 15.

ZUBEHÖR KAUFEN

KEFIRPILZ

Milch- oder Wasserkefirpilze bzw. -kristalle und das notwendige Zubehör findet man im Internet. Wenn man Glück hat, bekommt man einen Kefirpilz von jemandem geschenkt, der selbst bereits eigenen Kefir macht, denn die Kultur vermehrt sich ja kontinuierlich. Schauen Sie einmal auf Facebook nach, dort finden Sie eine Reihe von Interessengruppen, die sich gern untereinander austauschen.

Mit getrockneten Kefirkristallen dauert die Kultur etwas länger, denn der Pilz muss hier ja erst einmal aktiviert werden.

ZUBEHÖR

Achtung: Wenn schon Metall, muss das Zubehör aus rostfreiem Edelstahl bestehen, alle anderen Metalle können in den Kefirpilz eindringen und ihn schlimmstenfalls abtöten. Sauberkeit ist das A und O. Die Molke wird durch ein Seihtuch oder einen Kaffeefilter abgeseiht, oder noch besser durch ein Nylonsieb. Dieses schadet dem Pilz im Gegensatz zu einem Durchschlag aus Metall nicht. Große Pilze können mit einem Löffel aus Holz oder Edelstahl aus der Molke gehoben werden.

AKTIVIERUNG VON KEFIRKRISTALLEN

Kefir wird aus Milch oder Wasser und einem Kefirpilz fermentiert. Die Startkultur sieht aus wie ein Klumpen Grütze und besteht aus Bakterien, Hefe, Salz, Protein, Fettsäuren sowie aus Zucker, von dem sich die Bakterien ernähren.

MILCHKEFIRPILZ

Getrocknete Kefirkristalle werden in frischer Milch aktiviert. Der erste Ansatz dauert ungefähr 3–7 Tage, danach liefert der Pilz alle 18–48 Stunden fertigen Kefir. Die Fermentation vollzieht sich bei Zimmertemperatur und der Pilz kann viele Jahre lang weiterverwendet werden.

Zuerst 3–4 Esslöffel Kefirkristalle in eine Schüssel mit 300 ml pasteurisierter Milch geben. Mit einem sauberen Baumwolltuch bedecken und mit einem Gummiband befestigen. Die Milch täglich austauschen, um den Pilz mit Laktose zu füttern. Wenn die abgeseihte Milch nicht unangenehm riecht oder schmeckt, kann sie bedenkenlos getrunken werden. Diesen Vorgang wiederholen, bis die Milch in der Schüssel anfängt, dick zu werden, säuerlich zu riechen oder sich von der Molke zu trennen beginnt. Wenn es kalt ist, dauert das manchmal bis zu 2–4 Wochen, daher ist ein wenig Geduld geboten.

In den ersten Tagen kann die Milch nach Hefe riechen oder es bildet sich ein leichter Schaum auf der Oberfläche, doch nach 3–7 Tagen ist das bakterielle Milieu meist ins Gleichgewicht gekommen. Der fertige Kefir sollte leicht säuerlich und schwach nach Hefe riechen.

WASSERKEFIRPILZ

Getrocknete Kefirkristalle werden in Wasser aktiviert. Der erste Ansatz dauert ungefähr 3–4 Tage, danach liefert der Pilz alle 24–48 Stunden fertigen Kefir. 2 Teelöffel Kristalle liefern etwa 3–4 Esslöffel aktivierten Pilz, der dann bis zu 2 Liter Wasserkefir produzieren kann. Die Fermentation vollzieht sich bei Zimmertemperatur und der Pilz kann viele Jahre lang weiterverwendet werden.

4 Esslöffel Zucker in 200 ml heißem Wasser auflösen. Dann mit kaltem Wasser auf 1 Liter auf-

gießen. Die Flüssigkeit hat nun Zimmertemperatur. Die Kefirkristalle in die Zuckerlösung geben, das Gefäß mit einem sauberen Baumwolltuch bedecken und mit einem Gummiband befestigen. Die Pilze in der Lösung stehen lassen, bis sie anschwellen, jedoch nicht länger als 4 Tage.

Wenn der Pilz nach vier Tagen nicht gewachsen ist, neue Zuckerlösung verwenden.

DARF DER PILZ GEWASCHEN WERDEN?
Aktivierte Kefirpilze brauchen nicht gewaschen zu werden, sie fühlen sich in der Milch am wohlsten. Wenn sich darauf jedoch Fettklumpen gebildet haben oder sie zu lange nicht gefüttert wurden und daher am Verhungern sind oder sauer werden, sollte man sie allerdings abspülen. Nehmen Sie dafür am besten Milch oder handwarmes Wasser. Vorsicht! Nicht zu heiß, denn das tötet den Pilz.

KEFIRPILZE SIND HITZE- UND KÄLTEEMPFINDLICH
Kefir gedeiht am besten bei Zimmertemperatur oder höher – bis 40 °C. Je wärmer es ist, desto schneller geht es. Man darf den Pilz jedoch nie erhitzen und man sollte Thermobehälter vermeiden. Wenn der Pilz nicht „arbeitet", kann man ihn auf dem obersten Regal im Kühlschrank zwischenlagern. Wenn es dort allerdings kälter ist als 8 °C, kann er langsam absterben.

DER PILZ WÄCHST, WAS NUN?
In diesem Fall machen Sie mehr Kefir damit, verschenken den Überschuss an Freunde oder verkaufen ihn im Internet! Der Pilz ist übrigens auch essbar, er enthält mehr Probiotika als der Kefir!

VERREIST?
Wenn Sie nur ein Wochenende oder eine Woche lang fort sind, stellen Sie den Pilz in einem Behälter mit Milch oder gekauftem Kefir ganz oben in den Kühlschrank, wo es am wärmsten ist. Für ein Wochenende braucht man nicht viel Milch, doch für eine Woche soll der Milchanteil so hoch sein wie der normalerweise produzierte Kefir (siehe Seite 30).

Wenn Sie noch länger fort sind, haben Sie zwei Möglichkeiten:

EINFRIEREN: Den Pilz abspülen, mit Küchenpapier oder einem sauberen Handtuch abtupfen und eine Weile trocknen lassen. Dann zusammen mit Milchpulver einfrieren – das Pulver schützt den Pilz unter anderem vor Gefrierbrand. Im Gefrierschrank hält sich der Pilz 2–3 Monate, zuweilen auch länger. Vor dem Gebrauch auftauen und in zimmerwarmem Wasser abspülen, dann wie gewohnt aktivieren.

TROCKNEN: Den Pilz abspülen und dann ganz eintrocknen lassen – das dauert 1–2 Tage. Dann in eine Tüte mit Milchpulver geben – er soll völlig damit bedeckt sein. So hält er sich rund 1–2 Jahre. Zum Aktivieren in Milch einlegen und diese jeden Tag austauschen, bis er wieder auf die alte Größe angewachsen ist.

Den Kefir wie gewohnt ansetzen. Es kann eine Weile dauern, bis der Pilz wieder optimal funktioniert. Man kann ihn auch in zimmerwarmem Wasser anwachsen lassen und erst dann mit der Milch beginnen.

MILCHKEFIR
Milchkefir ist wohl am bekanntesten und man kann ihn von Kuh bis Kamel aus allen, möglichst nicht pasteurisierten, tierischen Milchsorten herstellen – aber auch aus pflanzlicher Milch, zum Beispiel Kokosmilch. Durch den Pilz wird die Milch zu einer Konsistenz fermentiert, die an Joghurt oder Dickmilch erinnert. Soll der Kefir cremiger werden, geben Sie etwas Sahne dazu. Je häufiger die Pilzkultur verwendet wird, desto schneller vollzieht sich die Fermentation.

PASTEURISIERT ODER NICHT?
Am besten ist natürlich Biomilch, aber am einfachsten erhältlich ist pasteurisierte Standardmilch – H-Milch geht jedoch gar nicht, denn diese Milch ist praktisch tot. Mit nicht homogenisierter Milch geht es nicht ganz so gut und mit frisch gemolkener, nicht pasteurisierter Milch am allerschwersten. Doch damit bekommt man garantiert den cremigsten und leckersten Kefir. Die Schwierigkeit liegt hier wahrscheinlich am Fettgehalt in nicht homogenisierter und an der Bakterienflora in nicht pasteurisierter Milch.

Fangen Sie also nicht mit der falschen Milchsorte an, sondern arbeiten Sie sich lieber mit den leichter zu handhabenden Standardsorten zu den „besseren", unbehandelten vor.

Nicht pasteurisierte Milch hat viele eigene Milchsäurebakterien, die der Bakterienkultur im Kefirpilz Konkurrenz machen können. Nehmen Sie anfangs ¼ Anteil unbehandelte Milch auf ¾ Anteile pasteurisierte. Wenn der Kefir gelingt, nehmen Sie das nächste Mal jeweils die Hälfte und so weiter, bis Sie nur noch mit „guter" Milch arbeiten. Stellen Sie einen Teil des Pilzes beiseite und füttern Sie ihn mit pasteurisierter Milch für den Fall, dass sich die Bakterienkulturen von Kefirpilz und Milch nicht vertragen haben. Dann können Sie wieder auf die vorige Version zurückgreifen.

WASSERKEFIR

Man kann Kefir übrigens auch mit Wasser herstellen, zum Beispiel mit Quellwasser, gefiltertem Leitungswasser und sogar mit Kokoswasser. Eine gute Alternative für diejenigen, die keine Milch mögen! Achtung: Der Wasserkefirpilz ist eine andere Kultur als der Milchkefirpilz. Wasserkefir hat einen höheren Anteil an magenfreundlichen Mikroorganismen und ist daher sogar etwas gesünder.

Das Ergebnis aus dieser Fermentation nennt sich Wasserkefir. Geben Sie nach Belieben einen Schuss kohlensäurehaltiges Mineralwasser dazu, denn der Wasserkefirpilz fühlt sich in nährstoffreichem Wasser wohl.

Schon von Anfang an enthält der Wasserkefirpilz eine Menge lebendiger Mikroorganismen, doch es kann ein paar Monate dauern, bis die Kultur den typischen Geschmack entwickelt. In mineralreichem Zuckerwasser bilden die Kefirkristalle Kohlensäure, jedoch nicht soviel wie in handelsüblicher Limonade.

Wenn der Wasserkefir nach der zweiten Fermentation gebrauchsfertig ist, wird er abgeseiht und mit Geschmackszusätzen wie Gewürzen, Zitronen oder Limetten, Obststücken oder Ingwer versetzt. Man kann bereits während der ersten Fermentation größere Stücke wie z.B. Ingwer- oder Zitronenscheiben dazugeben, doch diese sollten vor dem zweiten Durchgang abgeseiht werden.

WASSERKEFIR MIT MILCHKEFIRKULTUR

Milchkefir wächst sehr viel schneller als Wasserkefir. Wenn man also zu viele Milchkefirkristalle hat, kann man einige davon auch für Wasserkefir verwenden, aber dann hören sie auf zu wachsen.

40 g Rohrzucker in 600 ml kochendem Wasser auflösen und auf 40°C abkühlen. 3 EL fermentierte Milchkefirkristalle dazugeben und das Gefäß wie gehabt mit Stoff abdecken. Der Wasserkefir ist nach rund 3 Tagen gebrauchsfertig. Man kann die Pilzkultur dreimal verwenden, bevor sie auf den Kompost kommt. Der Geschmack ist hier ein wenig anders als bei mit Wasserkefirkulturen hergestelltem Wasserkefir.

Milchkefir

SIE BRAUCHEN DAFÜR:

- ♥ 2–4 EL aktivierte Milchkefirkristalle
- ♥ 1 l Milch, vorzugsweise Bio-Milch (keine H-Milch)
- ♥ Glasbehälter mit 1,5 l Fassungsvermögen
- ♥ Sauberes Handtuch und Gummiband
- ♥ Edelstahl- oder Nylonsieb
- ♥ Eventuell Seihtuch oder wiederverwendbarer Kaffeefilter

SO WIRD'S GEMACHT:

1. Zimmerwarme Milch in ein Glasgefäß gießen.
2. Die Kefirkristalle zugeben.
3. Das Gefäß nur zu ¾ füllen.
4. Das Gefäß zum Schutz vor Staub und Ungeziefer mit dem Stoff bedecken und mit dem Gummiband befestigen.
5. 24–48 Stunden bei Zimmertemperatur stehen lassen, bis die Milch zu stocken beginnt. Die genaue Zeit beruht auf persönlichem Geschmack, der Temperatur und dem Mengenverhältnis von Pilz und Milch. Je länger Milch steht, desto besser wird der Kefir. Bei Temperaturen über 30°C geht es schneller. Bei kälteren Temperaturen dauert es bis zu 30–48 Stunden. Lassen Sie den Kefir jedoch nicht länger als 48 Stunden stehen, da der Pilz sonst Schaden nimmt und der Kefir dann leicht abführend wirken kann.
6. Den Kefir durch ein Sieb gießen, um ihn von der Pilzkultur zu trennen.
7. Den Kefir im Kühlschrank lagern. Dort hält er sich etwa eine Woche.
8. Wieder bei Schritt 1 beginnen.
9. Wenn die Kristalle gewachsen sind oder sich vermehrt haben, brauchen Sie mehr als 1 l Milch. Diese kann man direkt aus dem Kühlschrank nachfüllen.

Nach dem Abseihen kann der Kefir mit Geschmackszusätzen verfeinert werden, z.B. mit frischen oder getrockneten Beeren und Früchten, Marmelade, Samen und Nüssen und natürlich auch mit Vanille, Zimt oder anderen Gewürzen. Nach Belieben kann man das auch während einer zweiten Fermentation tun.

Wasserkefir

Wasserkefir kann genau wie Kombucha mit Geschmackszusätzen verfeinert werden, Dazu gehören Ingwer, frische oder getrocknete Früchten, Saft, Kräuter oder was Ihnen sonst noch einfällt. Diese kommen jedoch erst nach dem Abseihen der Pilzkultur in den Kefir. Wasserkefir schmeckt milder als Kombucha, lässt sich aber in den meisten Rezepten dieses Buches anstelle von diesem verwenden.

Man kann Wasserkefir auch mit Kokoswasser herstellen, doch dafür muss sich die Kultur erst in Zuckerlösung etabliert haben. In diesem Fall im nachfolgenden Rezept einfach Zucker und Wasser durch die gleiche Menge Kokoswasser austauschen.

SIE BRAUCHEN DAFÜR:

- 2–4 EL aktivierte Wasserkefirkristalle
- Heißes Wasser
- 4 EL Rohrzucker
- Glasbehälter mit 1,5 l Fassungsvermögen
- 800 ml zimmerwarmes Wasser
- Sauberes Handtuch und Gummiband
- Edelstahl- oder Nylonsieb

VORSICHT!
Keinen Honig zum Süßen verwenden, da dieser die Bakterienkultur abtötet. Versuchen Sie es daher nur, wenn Sie mehr als genügend Wasserkefirkristalle zur Verfügung haben.

SO WIRD'S GEMACHT:

1. 4 EL Zucker in 200 ml kochendem Wasser auflösen.
2. Mit Wasser auf 1 l auffüllen. Das Zuckerwasser hat nun Zimmertemperatur.
3. Den Wasserkefirpilz einlegen.
4. Das Gefäß nicht mehr als zu ¾ füllen.
5. Das Gefäß mit einem Handtuch abdecken und mit einem Gummiband befestigen.
6. 24–48 Stunden bei Zimmertemperatur stehen lassen. Je länger Wasserkefir steht, desto saurer wird er. Er soll nicht länger als 72 Stunden in der Flüssigkeit verbleiben, da er dann geschwächt wird und absterben kann.
7. Den Kefir abseihen.
8. Den fertigen Wasserkefir im Kühlschrank lagern. Er hält sich etwa eine Woche.
9. Fest verkorkt bei Zimmertemperatur gelagert entwickelt der Kefir mehr Kohlensäure.
10. Wieder bei Schritt 1 beginnen.

Griechischer Sahnekefirjoghurt

Wenn Sie Ihren Kefir lieber etwas dicker mit einer joghurtartigen Konsistenz mögen, folgen Sie diesem Rezept. Nehmen Sie dafür möglichst nicht pasteurisierte Bio-Sahne und mischen diese nach Belieben mit Vollmilch. Man kann natürlich auch reine Sahne nehmen, aber das wird dann extrem fett. Ich selbst nehme ¾ Anteil Milch und ¼ Anteil Sahne. Wenn Sie keine Sahne verwenden möchten, nehmen Sie statt der Kuhmilch Ziegenmilch – oder einen anderen Milchtyp.

SIE BRAUCHEN DAFÜR:

- 2–4 EL aktivierte Milchkefirkristalle
- 1 l Milch, vorzugsweise Bio-Milch (keine H-Milch)
- 250 ml Sahne
- Glasbehälter mit 1,5 l Fassungsvermögen
- Sauberes Handtuch und Gummiband
- Edelstahl- oder Nylonsieb
- Eventuell Seihtuch oder wiederverwendbarer Kaffeefilter

SO WIRD'S GEMACHT:

1. Zimmerwarme Milch und Sahne in ein Glasgefäß gießen.
2. Die Kefirkristalle zugeben.
3. Wenn die Kristalle gewachsen sind oder sich vermehrt haben, brauchen Sie mehr als 1 l Milch. Diese kann man direkt aus dem Kühlschrank nachfüllen.
4. Das Gefäß nur zu ¾ füllen.
5. Das Gefäß zum Schutz vor Staub und Ungeziefer mit dem Stoff bedecken und mit dem Gummiband befestigen.
6. 24–48 Stunden bei Zimmertemperatur stehen lassen, bis die Milch zu stocken beginnt. Die genaue Zeit beruht auf persönlichem Geschmack, der Temperatur und dem Mengenverhältnis von Pilz und Milch. Je länger die Milch steht, desto besser wird der Kefir. Bei Temperaturen über 30°C geht es schneller. Bei kälteren Temperaturen dauert es bis zu 30–48 Stunden. Lassen Sie den Kefir jedoch nicht länger als 48 Stunden stehen, da der Pilz sonst Schaden nimmt und der Kefir dann leicht abführend wirken kann.
7. Den Kefir durch ein Sieb gießen, um ihn von der Pilzkultur zu trennen.
8. Als letzten Schritt kann man den Kefir noch durch einen Kaffeefilter oder ein Seihtuch abseihen, dann bekommt er die Konsistenz von Quark oder griechischem Joghurt.
9. Den Kefir im Kühlschrank lagern. Dort hält er sich etwa eine Woche.
10. Wieder bei Schritt 1 beginnen.

TIPP!
Die Molke kann man pur trinken oder als Zutat in Smoothies oder zum Einlegen von Gemüse verwenden.

Kokoskefir & -joghurt

Das Rezept für Kokoskefir bzw. Kokosjoghurt ist fast identisch. Die Konsistenz hängt einerseits vom Fettgehalt ab – je mehr Kokosfett Sie verwenden, desto cremiger wird der Kefir – und davon, ob und wie Sie den Kefir oder Joghurt filtern. Wenn Sie eine trinkbare Konsistenz vorziehen, lassen Sie das Kokosfett weg.

Wenn man statt der Kuhmilch Kokosmilch verwendet, stellt sich das Problem, dass der Pilz von Milchzucker, der Laktose, lebt. Die gibt es in Kokosmilch aber nicht, daher muss der Pilz zunächst einmal mit Laktose gefüttert werden. Stellen Sie ihn in eine Schüssel mit Milch oder einem anderen Kokosjoghurtkefir in das oberste Kühlschrankfach. Achtung: Wenn Sie laktoseintolerant sind, muss der Pilz vor dem Verwenden erst einmal gut ausgespült werden, aber die Gefahr, dass Laktosespuren darin verbleiben, bleibt weiterhin bestehen.

SIE BRAUCHEN DAFÜR:

- 2–4 EL aktivierte Milchkefirkristalle
- 500 ml Kokosmilch
- 500 ml Kokossahne
- Glasbehälter mit 1,5 l Fassungsvermögen
- Sauberes Handtuch und Gummiband
- Edelstahl- oder Nylonsieb
- Eventuell Seihtuch oder wiederverwendbarer Kaffeefilter

SO WIRD'S GEMACHT:

1. Zimmerwarme Kokosmilch und -sahne gut mischen und in das Glasgefäß geben.
2. Den Kefirpilz zugeben.
3. Wenn die Kristalle gewachsen sind oder sich vermehrt haben, brauchen Sie mehr als 1 l Kokosmilch. Diese kann man direkt aus dem Kühlschrank nachfüllen.
4. Das Gefäß nur zu ¾ füllen.
5. Das Gefäß zum Schutz mit dem Stoff bedecken und mit dem Gummiband befestigen
6. 24–48 Stunden bei Zimmertemperatur stehen lassen, bis die Flüssigkeit zu stocken beginnt. Die genaue Zeit beruht auf persönlichem Geschmack, der Temperatur und dem Mengenverhältnis von Pilz und Kokosmilch. Je länger die Milch steht, desto besser wird der Kefir. Bei Temperaturen über 30 °C geht es schneller. Bei kälteren Temperaturen dauert es bis zu 30–48 Stunden. Lassen Sie den Kefir jedoch nicht länger als 48 Stunden stehen, da der Pilz sonst Schaden nimmt.
7. Den Kefir durch ein Sieb gießen, um ihn von der Pilzkultur zu trennen
8. Wenn Sie den Kefir durch einen Kaffeefilter oder ein Seihtuch abseihen, bekommt er die Konsistenz von Quark oder griechischem Joghurt.
9. Den Kefir im Kühlschrank lagern. Dort hält er sich etwa eine Woche.
10. Wieder bei Schritt 1 beginnen.

> **TIPP!**
> Die Molke kann man pur trinken oder als Zutat in Smoothies oder zum Einlegen von Gemüse verwenden.

Hausgemachter Joghurt

Joghurt wird schon seit Urzeiten hergestellt. Vielleicht kennen Sie selbst auch jemanden, der seinen eigenen Joghurtpilz besitzt. Wer einmal hausgemachten Joghurt probiert hat, wird nie wieder welchen kaufen. Leider ist durch die enorme Auswahl in den Geschäften diese alte Tradition schon seit langer Zeit ins Abseits geraten.

Es gibt im Grunde zwei Methoden, Joghurt selbst herzustellen: einmal mit einer gefriergetrockneten Pilzkultur, die den Prozess in Gang setzt, und zum anderen mithilfe eines gekauften probiotischen Joghurts. Natürlich kann man auch eine Portion eines selbstgemachten Joghurts als Starter verwenden.

Gekaufter Joghurt sollte lebende Bakterienkulturen enthalten. Er sollte Ihnen vor allem schmecken, denn damit beginnen Sie Ihre eigene Kultur. Die in dem Joghurt enthaltenen Bakterien beeinflussen auch die Konsistenz und den Geschmack des Endprodukts. Da man nur eine geringe Menge der Pilzkultur braucht, um eine Portion Joghurt herzustellen, hält die Packung recht lange. Es empfiehlt sich daher, den Überschuss in kleine Portionen aufzuteilen und für später einzufrieren. Man kann im Grunde jede Art von Milch verwenden, doch eine mit höherem Fettgehalt funktioniert am besten.

SIE BRAUCHEN DAFÜR:

- 1 sauberes Seihtuch
- Glas mit Schraubverschluss
- 2–3 EL Joghurtkultur (entweder normaler Joghurt mit Bakterienkultur oder eine gekaufte Pilzkultur
- 1 l Milch (nicht UHT; je höher der Fettgehalt, desto besser)
- Topf
- Schneebesen
- 30 g Milchpulver (nach Belieben)
- Glasbehälter mit 1,5 l Fassungsvermögen und Schraubverschluss

SO WIRD'S GEMACHT:

1. **MILCH ERHITZEN.** Die Milch erhitzen, aber nicht zum Kochen bringen. Es dürfen sich im Topf höchstens ein paar Bläschen bilden. Durch das Erhitzen werden alle unerwünschten Bakterien abgetötet, damit die erwünschten das Feld übernehmen können. Wenn Sie pasteurisierte Milch und peinlich saubere Geräte verwenden, können sie Schritt 1 überspringen.

2. **CREMIGER GRIECHISCHER JOGHURT.** Wenn Sie Joghurt im griechischen Stil machen wollen, können Sie zu diesem Zeitpunkt das Milchpulver in die Milch einrühren.

3. **MIT DER JOGHURTKULTUR VERRÜHREN.** Die Milch auf 40–45 °C abkühlen lassen, das ist ein wenig heißer als handwarm. Die Joghurtkultur einrühren und die Milch in ein Glasgefäß mit Schraubverschluss geben. Das Glas nicht mehr als zu ¾ füllen. Nach meiner Erfahrung reicht 1 Teil Joghurtkultur auf 9 Teile Milch.

4. **RUHEN LASSEN.** Einen Thermosbehälter mit kochendem Wasser ausspülen, die Milch hineingießen und das Ganze an einem recht warmen Platz mindestens 8 Stunden (bis zu 36 Stunden) stehen lassen. Es darf jedoch nicht wärmer als 45 °C werden, denn dann stirbt die Bakterienkultur ab. Man kann den Behälter entweder in eine warme Woll- oder Bettdecke wickeln oder ihn in den maximal 40 °C warmen Ofen stellen. Alternativ kann man ihn auch in eine Kochkiste stellen.

5. **GRIECHISCHER JOGHURT.** Wenn der Joghurt noch dicker werden soll, kann man ihn durch ein Seihtuch filtern, das mithilfe eines starken Gummibands über eine Schüssel gespannt wurde. Das Ganze für ein paar Stunden in den Kühlschrank stellen – je länger er dort verbleibt, desto dicker wird der Joghurt.

6. **KÜHL LAGERN.** Wenn der Joghurt beginnt, dick zu werden, in ein Glas umfüllen und für ein paar Stunden in den Kühlschrank stellen, bis er sich gesetzt hat. Der fertige Joghurt ist meist recht mild, doch je länger er lagert, desto säuerlicher wird er im Geschmack.

7. **EINE PORTION AUFBEWAHREN.** Wenn Sie von dem Joghurt ein wenig zurückbehalten, könnten Sie diese Portion beim nächsten Mal als Starter verwenden. Das kann man dann ungefähr zehnmal hintereinander machen, doch dabei wird der Joghurt allmählich immer säuerlicher und irgendwann ist es besser, mit einer frischen Kultur von vorn zu beginnen.

TIPP!
Werfen Sie die abgetropfte Molke nicht weg, denn sie enthält viele Vitamine, Mineralstoffe und Proteine. Man kann sie pur trinken, zu Kvass und Limonade verarbeiten oder als Smoothie-Zutat verwenden. Molke ist ein wunderbares Pflegemittel für Haut und Haare und ein gesunder Badezusatz! Man kann sie übrigens auch einfrieren.

WAS KANN SCHIEFGEHEN?
Beim Selbermachen von Joghurt kann im Grunde nicht viel schiefgehen. Der Geschmack verändert sich allmählich von mild zu säuerlich, und die Konsistenz ist zuerst flüssig, dann dick, doch das ist alles völlig ungefährlich. Wenn der Joghurt beim ersten Versuch nicht Ihren Vorstellungen entspricht, können Sie mit unterschiedlichen Ruhetemperaturen experimentieren oder ihn länger stehen lassen, bis Sie die passende Methode gefunden haben. Wenn die Kultur fehlgeschlagen ist, wird der Joghurt schlecht riechen oder es hat sich darauf Schimmel gebildet. In diesem Fall muss man ihn entsorgen und noch einmal neu beginnen und vielleicht die verwendeten Gerätschaften desinfizieren. Meist liegt das Missgeschick nämlich tatsächlich daran, dass man es mit der Hygiene nicht so genau genommen hat.

Milder cremiger Kokosnussjoghurt

Ich verwende grundsätzlich Bio-Kokosmilch ohne Zusätze. Für dieses Rezept brauchen Sie außerdem Probiotikapulver oder -kapseln. Sie bekommen diese im Naturkostladen, in der Apotheke und in gut sortierten Supermärkten. Eine Kapsel Probiotika produziert ungefähr 200 ml Kokosmilch. Ich habe auch versucht, Kokosjoghurt mit einem Kefirpilz und einem Kombucha-Scoby zu machen, aber am mildesten wird er mit Probiotikapulver.

SIE BRAUCHEN DAFÜR:

- ♥ 2 Dosen (800 ml) Kokosmilch aus biologischem Anbau, ohne Zusätze
- ♥ 1 EL Rohrzucker, aus biologischem Anbau
- ♥ 4 Kapseln (oder 1,5 TL Probiotikapulver) als Startkultur
- ♥ 2 TL Tapiocapulver (wenn der Joghurt sehr dick werden soll)
- ♥ 1 Topf
- ♥ Glasbehälter mit 1 l Fassungsvermögen und Schraubverschluss
- ♥ Sauberes Baumwolltuch oder Handtuch samt Gummiband

SO WIRD'S GEMACHT:

1. Die Kokosmilchdosen gut schütteln.

2. Die Kokosmilch bei niedriger Temperatur langsam erwärmen, jedoch nicht kochen lassen. (Sie können diesen Schritt auch überspringen und den Joghurt mit zimmerwarmer Kokosmilch ansetzen. Ich finde jedoch, das Ergebnis wird durch das Erwärmen cremiger, da sich dabei der Fettanteil der Kokosmilch mit dem Wasseranteil verbindet).

3. Den Zucker gut unterrühren, das Ganze unter Rühren auf 40 °C abkühlen lassen. Es darf jedoch nicht wärmer als 45 °C werden, denn dann stirbt die Bakterienkultur ab.

4. Die Probiotikakapseln öffnen und den Inhalt mit der Milch verrühren. Nach Belieben das Tapiocapulver zugeben, falls der Joghurt dicker werden soll.

5. In ein sauberes Glasgefäß umfüllen und mit einem sauberen Baumwolltuch bedecken, um Ungeziefer und Staub fernzuhalten

6. Wenn die Joghurtkultur über Nacht im 40 °C warmen Ofen steht, ist der Joghurt in 10-12 Stunden fertig; bei Zimmertemperatur dauert es 24–48 Stunden. Er darf jedoch auch hier nicht zu warm werden, sonst stirbt die Bakterienkultur ab. Der Joghurt ist fertig, wenn er leicht säuerlich schmeckt.

7. Der fertige Joghurt kommt bis zum Verzehr in den Kühlschrank. Dort hält er sich etwa eine Woche lang. Guten Appetit!

Rejuvelac

Rejuvelac ist ein wunderbar erfrischendes, probiotisches, fermentiertes Getränk. Der Ursprung liegt, genau wie mein geliebter Weizengrassaft, in den Theorien der Heilpraktikerin Ann Wigmore bezüglich „Lebendiger Nahrung" *(Living Food)*. Rejuvelac wird traditionell aus Weizen aus biologischem oder biologisch-dynamischem Anbau hergestellt. Man kann das Getränk jedoch auch aus anderem Getreidesorten wie Roggen oder Gerste herstellen, als garantiert glutenfreie Alternative aus Quinoa oder Hirse. Die Fermentation dauert etwa eine Woche. Im Gegensatz zu Kombucha oder Kefir braucht man dafür keine Startkultur.

Rejuvelac selbst herzustellen ist kinderleicht. Man braucht dazu weder eine Startkultur noch viel Gerätschaften oder Zutaten – und es ist sehr preiswert! Auch hier gilt es, beim Hantieren peinliche Sauberkeit zu bewahren. Verwenden Sie wie immer saubere Glasgefäße und Baumwolltücher. Unter optimalen Bedingungen dauert der Gärungsprozess fünf Tage, doch wenn es etwas kälter ist, kann es bis zu einer Woche dauern. Das fertige Getränk enthält Proteine, Kohlehydrate, Dextrine Phosphate, Saccharide und Milchsäurebakterien. Rejuvelac ist außerdem reich an Enzymen und geeignet für die Milchsäuregärung von Gemüse oder zur Herstellung von Limonaden.

SIE BRAUCHEN DAFÜR:

- 300 ml Weizenvollkorn aus biologischem Anbau
- Gefiltertes Wasser
- Glasbehälter mit 1 l Fassungsvermögen und Schraubverschluss
- Glasbehälter mit 3 l Fassungsvermögen
- Glasflaschen mit Schraubverschluss

SO WIRD'S GEMACHT:

1. **WÄSSERN.** Die Weizenkörner gut waschen und 8–12 Stunden oder über Nacht in einem Glasgefäß mit Schraubverschluss bei Zimmertemperatur stehen lassen. Beschädigte Körner aussortieren.

2. **KEIMEN.** Das Wasser abgießen und die Körner wieder in das Glas geben. Ein sauberes Baumwolltuch oder ein Handtuch mit einem Gummiband über der Öffnung befestigen und bei Zimmertemperatur an einen dunklen Ort stellen. Wichtig sind Dunkelheit und frische Luft. Zwei Tage lang zweimal täglich abspülen und das Wasser abgießen, bis die Körner gekeimt haben.

3. **FERMENTATION.** Nach 2 Tagen die Keime in ein 3-Liter-Gefäß umfüllen und mit 2 Litern Wasser auffüllen. 3 Esslöffel Honig dazugeben (je 1 Löffel pro Liter Wasser), um die Fermentation zu aktivieren. Veganer können statt des Honigs Bio-Rosinen verwenden. Wieder mit dem Stoff bedecken und 2 Tage bei Zimmertemperatur stehen lassen (bei kältere Temperaturen dauert es bis zu einer Woche).

4. **AUF GLASFLASCHEN ZIEHEN.** Wenn die Flüssigkeit leicht trübe geworden ist, die Keime aussieben und das Rejuvelac in saubere Glasflaschen abfüllen. Es hält sich im Kühlschrank etwa 7 Tage. Das Getränk wird im Laufe der Zeit etwas süßer. Für eine gesunde Darmflora jeden Tag etwa 250 ml davon trinken.

5. **NEU ANSETZEN.** Die Keime nicht wegwerfen! Einfach mit frischem Wasser zurück in das Gefäß geben und Honig (oder Rosinen) zusetzen. Dabei braucht die Fermentation dann in der Regel nur einen Tag.

6. **WEIZENGRAS ZIEHEN.** Nach dem zweiten Ansatz kann man die Keime aussäen und Weizengras ziehen. Haben Sie mehr geerntet, als Sie verbrauchen können, geben Sie das Weizengras mit etwas Wasser in den Mixer und frieren das Ganze in Eiswürfelbehältern ein. Man braucht dafür allerdings einen leistungsstarken Mixer.

IST ETWAS SCHIEFGELAUFEN?
Das fertige Rejuvelac ist weißlich und leicht trübe und riecht leicht nach Weizengras. Wenn es jedoch anfängt, unangenehm zu riechen, hat man vielleicht das Wasser nicht oft genug gewechselt oder versehentlich während der Fermentation den Deckel zugeschraubt. Doch auch dann ist womöglich noch nicht alles verloren. Spülen Sie die Körner gründlich ab, geben neues Wasser und Honig dazu und beginnen noch einmal von vorn.

SCHMECKT ES NICHT?
Rejuvelac ist recht gewöhnungsbedürftig. Probieren Sie es einmal zusammen mit einem Schuss Wasser, einem Spritzer Bio-Zitrone und einer Scheibe Ingwer.

Man kann auch eine Mischung aus verschiedenen Körnern nehmen, zum Beispiel 2 Teile Weizen und 1 Teil Roggen. Der Geschmack ist dann schon deutlich anders. Probieren Sie einfach einmal verschiedene Varianten aus!

Green Kombucha Power

Grünkohl hat den höchsten Vitamingehalt aller Mitglieder der Kohlfamilie (z. B. Brokkoli, Blumenkohl, Weißkohl, Rotkohl und Rosenkohl). Er ist reich an Vitamin C, A, K, B6 und enthält viele Mineralstoffe, darunter Kalzium, Eisen, Kupfer, Mangan, Phosphor und Kalium. Wie alle Kohlgewächse unterstützt Grünkohl die Gesundheit der Darmflora, reinigt das Blut und entgiftet den Körper. Darüber hinaus sagt man ihm in bestimmten Fällen sogar krebshemmende Wirkung nach.

Das Schöne ist, dass es Grünkohl von Oktober bis März gibt, wenn wenig anderes regionales Gemüse im Angebot ist.

FÜR 2 GLÄSER

60 g Grünkohl, gehackt

1 Birne, entkernt

1 Apfel, entkernt

1 Banane, tiefgefroren

400 ml Kombucha, natur

Eiswürfel (nach Belieben)

Alle Zutaten mixen. Soll der Smoothie kälter werden, zum Schluss noch ein paar Eiswürfel in den Mixer geben.

Gingy Pearbucha

Birnen enthalten doppelt so viele Ballaststoffe wie Äpfel, halten sich jedoch nicht so lange. Es lohnt sich daher, unreife Birnen zu kaufen und sie ein paar Tage im Kühlschrank nachreifen zu lassen. Soll es mit der Reifung schneller gehen, kann man die Birnen zusammen mit einer Banane und einem Apfel in eine Papiertüte geben und bei Zimmertemperatur lagern. Bananen und Äpfel sondern nämlich Etylengas ab, das die Reifung anderer Früchte beschleunigt.

Ich selbst liebe Ingwer und nehme oft doppelt oder dreimal so viel wie im Rezept angegeben. Vielleicht sollten Sie anfangs lieber Vorsicht walten lassen – mehr dazugeben kann man immer noch!

FÜR 2 GLÄSER

3 reife Birnen, entkernt

1–2 TL Ingwer, gerieben

400 ml Kombucha, natur

Ergibt einen wunderbar kräuterig-würzigen Gesundheitsbooster.

Divine Strawberry Retreat

125 Gramm Erdbeeren enthalten die empfohlene Tagesdosis von Vitamin C und ein Drittel der Dosis des B-Vitamins Folat oder Folsäure. Sie sind außerdem reich an Ballast- und Mineralstoffen wie Kalium, Eisen und Zink sowie an Antioxidantien.

FÜR 2 GLÄSER

2 TL Basilikum, gehackt

300 g Erdbeeren, frisch oder tiefgefroren

1–2 Medjool-Datteln, entsteint

250 ml Kefir

Eiswürfel (nach Belieben)

Alle Zutaten zu einem schaumigen Smoothie mixen. Wenn frische Erdbeeren verwendet werden, zum Schluss Eiswürfel dazugeben.

Mangolicious Love

Das Wort „Mango" leitet sich von dem portugiesischen *manga* ab. Die Frucht wuchs ursprünglich im Himalaja und in Burma (dem heutigen Myanmar) und wird in Indien schon seit Tausenden von Jahren angebaut. Der Mangobaum wird etwa 35–40 Meter hoch, die Krone kann einen Umfang von 8–12 Metern haben. Nach dem Befruchten der nach Lilien duftenden Blüten dauert es 3–6 Monate, bis die Früchte reif sind. Die Farbe der Schale kann je nach Sorte gelb, orange oder rot sein.

Frische Mango kann man grob gehackt einfrieren. Das ist nicht nur billiger, sondern auch gesünder, denn Mangos werden oft unreif geerntet und dann mit Chemikalien besprüht, um die Reife wegen des Transports und der Lagerung monatelang hinauszuzögern. Natürlich ist es am allerbesten, ganz frische Mango zu essen. Machen Sie den Geruchstest und prüfen Sie durch leichten Druck, wie reif die Mango ist.

TIPP!
Wenn der Mixer nicht sehr leistungsstark ist, zuerst Spinat, Salat und Wasserkefir zusammen mixen und die halb aufgetauten Früchte nach und nach dazugeben.

FÜR 2 GLÄSER

100 g Romana-Salat, gehackt

60 g Spinat

150 g Mango, tiefgefroren

100 g Ananas, tiefgefroren

400 ml Wasserkefir

Alle Zutaten zu einem herrlich grünen Smoothie mixen.

Devilish Ginger Turmeric Kombucha

Kurkuma gehört zu den Ingwergewächsen und ist eine der nützlichsten Heilpflanzen überhaupt. Er stammt aus den Tropengebieten Asiens. Seine kräftige, holzige Wurzel enthält den leuchtend gelben Farbstoff Curcumin.

Kurkuma wirkt entzündungshemmend und ist reich an Antioxidantien, die die sogenannten freien Radikale (Abfallprodukte des Säureabbaus im Körper) bekämpfen.

Studien haben gezeigt, dass Kurkuma gegen altersbedingte Leiden helfen kann. Man sagt ihm in bestimmten Fällen sogar krebshemmende Wirkung nach.

Vermeiden Sie jedoch die Einnahme von größeren Mengen Kurkuma, wenn Sie schwanger sind oder es werden möchten. Befragen Sie bei Gesundheitsproblemen immer Ihren Arzt.

FÜR 2 GLÄSER

- 250 g Mango, tiefgefroren
- 100 g Ananas, tiefgefroren
- 1 TL Kurkuma, gerieben (oder ½ TL Pulver)
- 1–2 TL Ingwer,
- 400 ml Kombucha, natur

Alle Zutaten zu einem goldgelben Smoothie mixen.

TIPP!
Wenn der Mixer nicht sehr leistungsstark ist, lieber frische Früchte verwenden oder tiefgefrorene Früchte zuerst leicht auftauen lassen.

Papaya Passion

Papaya enthält viel Vitamin A, B, C, und E sowie Antioxidantien wie Karotin, Zeaxanthin und Flavonoide, außerdem wichtige Mineralstoffe wie Kalium, Magnesium, Kalzium und Eisen. Das in der Papaya enthaltene Enzym Papain wird in der Medizin bei Stoffwechselstörungen angewendet und unterstützt angeblich die Gewichtsabnahme.

FÜR 2 GLÄSER

250 g Papaya, tiefgefroren

100 g Ananas, tiefgefroren

1 TL Chiasamen

250 ml Kombucha, natur

Alle Zutaten zu einem leckeren Smoothie mixen.

TIPP!
Wenn der Mixer nicht sehr leistungsstark ist, lieber frische Früchte verwenden oder tiefgefrorene Früchte zuerst leicht auftauen lassen.

Dandelion Dream

Der milchige Saft des Löwenzahns enthält Bitterstoffe, die appetitanregend und entschlackend wirken und gut für Leber, Bauchspeicheldrüse und Nieren sind. Im Spätsommer ist der Bitterstoffgehalt am höchsten in der Wurzel, im Frühjahr in den Blättern. Neben den Bitterstoffen ist Löwenzahn auch reich an Vitamin B und C sowie Kalium. Er hat eine stark harntreibende Wirkung und wird bei Gallen- und Leberleiden sowie Gicht und Rheuma angewandt.

Man kann aus Löwenzahn Wein, Sirup oder Tee machen oder die frischen Blätter als Salat essen. Im Krieg profuzierte man Ersatzkaffee aus gerösteten Löwenzahnwurzeln. Eine 14-Tage-Kur mit frischen Löwenzahnstängeln soll gegen Müdigkeit und Schwächegefühle helfen. Der Wurzel wird außerdem blutreinigende und kräftigende Wirkung nachgesagt.

FÜR 2 GLÄSER

30 g Löwenzahnblätter

30 g Alfalfakeime (oder andere milde Keime)

300 g Honigmelone

Saft einer ½ Zitrone

1–2 Datteln

250 ml Wasserkefir

Alle Zutaten zu einem grünen Smoothie mixen.

Liquid Gold

Frische Kurkumawurzeln kann man genau wie Ingwerwurzeln im Vorfrühling in Blumentöpfe pflanzen und den Sommer über in den Garten stellen. Im Spätherbst ist dann der selbstgezogene Kurkuma erntereif. Wenn die Wurzel schwer zu raspeln ist, legt man sie ins Gefrierfach und raspelt sie dann tiefgefroren. Aber Vorsicht beim Verarbeiten: Die gelbe Farbe ist sehr intensiv und lässt sich nur schwer von der Haut und anderen Oberflächen entfernen! Also immer mit Handschuhen arbeiten oder eine Plastiktüte zu Hilfe nehmen.

Da der im schwarzen Pfeffer enthaltene Wirkstoff Piperin die Resorption von Kurkuma unterstützt, empfiehlt es sich, beide Gewürze zusammen zu verwenden.

FÜR 2 GLÄSER

150 g Mango, tiefgefroren

Saft von 2 Orangen

1–2 TL Kurkuma, gerieben (oder ½–1 TL Pulver)

1 TL Zimt

1 Prise schwarzer Pfeffer

250 ml Kombucha, natur

Die Orangen auspressen. Alle Zutaten zu einem goldgelben Smoothie mixen.

Radical Beetroot Detox

Rote Bete enthält neben anderen Mineralstoffen Kalzium, Vitamin C, Eisen, Magnesium, Phosphor und Mangan. Sie reinigt das Blut und stimuliert die Bildung roter Blutkörperchen. Studien haben gezeigt, dass Rote Bete die Sauerstoffaufnahme der Zellen und somit die Ausdauer beim Leistungssport steigert. Rote Bete ist oft wirksam bei hohem Blutdruck und Magengeschwüren und reinigt Darm, Leber und Gallenblase von Toxinen.

FÜR 2 GLÄSER

60 g Romana-Salat, gehackt

150 g Rote Bete, geschält und gehackt
(frisch oder gekocht)

2 Äpfel, entkernt

1–2 TL Ingwer, gerieben

400 ml Kombucha, natur

Eiswürfel (nach Belieben)

Alle Zutaten zu einem tiefroten Smoothie mixen. Soll der Smoothie kälter werden, zum Schluss noch ein paar Eiswürfel darunter mixen.

Jungle Strawberry Fever

Kokoswasser ist in letzter Zeit sehr populär, sowohl als Aufbaugetränk nach dem Leistungssport sowie als gesunder Zusatz in Smoothies. Kokoswasser ist die Flüssigkeit in der jungen, noch grünen Kokosnuss. Es besteht zu 95 Prozent aus Wasser; der Rest sind Vitamine (B und C) sowie Mineralstoffe wie Phosphor, Kalzium und Zink. Der Kaliumanteil ist besonders hoch, weswegen Kokoswasser auch gern als „der Sportdrink der Natur" bezeichnet wird.

Kokoswasser sollte jedoch nicht mit Kokosmilch verwechselt werden – die Milch wird zumeist aus dem Fleisch der reifen, weißen Kokosnuss gewonnen. Kokoswasser lässt sich gut in Eiswürfelbehältern einfrieren und hält sich dann etwa ein halbes Jahr lang im Gefrierschrank.

FÜR 2 GLÄSER

200 g Erdbeeren
200 g Ananas, tiefgefroren
250 ml Kokoswasser
250 ml Kombucha, natur

Alle Zutaten zu einem glatten Smoothie mixen.

Energizing Spicy Green Fuel

Chai ist eine indische Gewürzmischung, die normalerweise als Tee getrunken wird. Die Mischung variiert von Fall zu Fall, enthält aber meist Kardamom, Zimt und Ingwer. Chai-Tee wird üblicherweise mit Milch serviert und oft für einen intensiveren Geschmack zusammen mit der Milch aufgekocht.

Man kann Chai auch selbst mischen: Ich nehme dafür 2 TL Kardamom, 2 TL Zimt, 1 TL Muskatnuss, 1 TL Gewürznelken, 1 TL Ingwer und 1 TL schwarzen Pfeffer. Die Mischung am besten luftdicht und kühl aufbewahren. Ich mahle meine Zutaten selbst in der Kaffeemühle. Je frischer die Mischung, desto intensiver schmecken und duften die Gewürze.

FÜR 2 GLÄSER

2 Äpfel, Granny Smith

60 g Spinat

1–2 TL Chai-Gewürzmischung

1–2 Datteln, entsteint

400 ml Kombucha

Eiswürfel (bei frischen Früchten)

Alle Zutaten mixen. Soll der Smoothie kälter werden, zum Schluss noch ein paar Eiswürfel daruntermixen.

TIPP!
Wenn der Mixer nicht sehr leistungsstark ist oder die Äpfel nicht aus dem Bioladen sind, besser vorher schälen.

Happy Grasshopper

Die süße, gesunde Ananas enthält jede Menge Ballaststoffe und Vitamine, die vor viralen und bakteriellen Infektionen schützen. Sie ist vor allem reich an Vitamin C, das für den Aufbau des Bindegewebes sorgt und den Körper bei der Eisenaufnahme aus der Nahrung unterstützt. Vitamin C ist außerdem ein Antioxidans, das vor dem schädlichen Einfluss freier Radikale auf die Körperzellen schützt. Die Ananas enthält zudem das Enzym Bromelain, das sehr effektiv beim Abbau von Proteinen ist, was wiederum die Verdauung erleichtert. Das Bromelain ist außerdem kreislaufstärkend und senkt den Blutdruck.

Eine gute Ananas erkennt man daran, dass sie prall ist. Ob sie reif ist, kann man durch das Lösen eines Blatts erkennen. Löst es sich leicht, ist die Ananas reif. Sie kann jedoch auch überreif sein, also wählen Sie besser eine Frucht, deren Blatt sich nicht löst, und lassen diese zu Hause nachreifen. Ich wasche die Ananas, trenne die Enden, die Schale und den harten Mittelteil ab und hacke sie in grobe Stücke. In der Ananassaison kaufe ich gleich mehrere Früchte und friere sie ein. Dafür gebe ich die Fruchtwürfel zunächst auf ein Backblech, bedecke sie mit Backpapier und friere sie ein. Danach werden sie dann zur Lagerung in eine Plastiktüte umgefüllt. Nicht vergessen, das Datum auf die Tüte zu schreiben!

FÜR 2 GLÄSER

250 g Ananas, tiefgefroren

1–2 TL Ingwer, gerieben

2–3 TL Weizengraspulver
(oder eine Handvoll frisches Gras)

400 ml Wasserkefir

Alle Zutaten zu einem leckeren
Gesundheitsbooster mixen.

Tibetan Delight

In China kennt man die gesundheitsfördernde Wirkung der Gojibeeren schon seit über 5000 Jahren, doch in Europa haben sie sich erst zu Beginn des 2. Jahrtausends durchgesetzt. Inzwischen kann man Gojibeeren eigentlich überall kaufen. Ich selbst kaufe sie immer aus biologischem Anbau. Einer meiner Lieblingsanbieter kommt übrigens aus Tibet.

Gojibeeren haben sich als eines der nährstoffreichsten Nahrungsmittel weltweit erwiesen. Die Beere ist einzigartig, da sie u. a. 18 verschiedene Aminosäuren enthält, davon sieben für den Menschen lebensnotwendige. Außerdem sind Gojibeeren randvoll mit wichtigen Mineralien wie Eisen, Kalium, Zink, Selen, Kupfer, Kalzium, Germanium und Phosphor. Zudem sind sie reich an Vitamin B1, B2, B6 und E.

FÜR 2 GLÄSER

3 EL Gojibeeren

250 ml Kombucha

250 g Mango, tiefgefroren

1 TL Kurkuma, gerieben
(oder ½ TL Pulver)

Die Gojibeeren 10–15 Minuten in dem Kombucha einweichen. (Ich gebe dafür beides einfach in den Mixer.) Dann alle Zutaten zu einem herrlich orangeroten Vitamin-C-Kick mixen.

Californian Sunshine

Dass Orangen reich an Vitamin C sind, ist allgemein bekannt. Weniger bekannt ist jedoch, dass sie auch andere nützliche Nährstoffe enthalten, die eine Brausetablette nicht liefern kann. Orangen fördern nicht nur die Abwehrkräfte des Körpers, sie sollen auch den Blutdruck senken, gegen Erkältungen und Infektionen wirken und vor Augenkrankheiten, Rheuma, Herz- und Gefäßkrankheiten schützen. Vitamin C wirkt außerdem belebend auf die Haut.

Vitamin C hilft bei der Aufnahme von Eisen, Zink, Kupfer, Kalzium und Vitamin B9 (Folsäure) in den Körper. Außerdem ist es ein Antioxidans, das gegen freie Radikale schützt. Vitamin C wird nicht im Körper aufgebaut, sondern muss diesem täglich zugeführt werden.

FÜR 2 GLÄSER

2 TL Chiasamen

250 ml Kombucha, natur

2 Orangen, geschält

Saft von 2 Grapefruits

100 g Mango, tiefgefroren

100 g Ananas, tiefgefroren

Die Chiasamen 10–15 Minuten in dem Kombucha einweichen, dann alle Zutaten zu einem glatten Smoothie mixen.

Fountain of Youth

Aloe vera ist eine der ältesten Heilpflanzen der Menschheitsgeschichte – sie wird schon seit Tausenden von Jahren in der Volksmedizin angewandt. Heute wird Aloe vera meist in begrenzten Mengen in Säften und Erfrischungsgetränken verwendet (es lohnt sich daher, das Etikett genau zu lesen!). Idealerweise sollte es sich um kaltgepressten Saft handeln.

Frische Aloe kann in größeren Mengen abführend wirken, daher ist bei der Aufnahme von größeren Mengen Vorsicht geboten!

FÜR 2 GLÄSER

30 g Spinat

½ Avocado

150 g Ananas, tiefgefroren

Saft von 150 ml Aloe Vera

250 ml Brottrunk

2 TL Weizengras, getrocknet
(oder eine Handvoll frisches Gras)

Alle Zutaten zu einem glatten Smoothie mixen.

Hot Watermelon

Wassermelonen gehören zu den wenigen Pflanzen, die größere Mengen des kraftvollen Antioxidans Lykopen enthalten. Lykopen soll das Risiko von Herzkrankheiten und manchen Krebsleiden senken, darunter Gebärmutterhals- und Prostatakrebs. Wassermelonen sind außerdem gute Lieferanten von Vitamin A, C und B6.

Es gibt viele verschiedene Sorten von Wassermelonen. Die meisten von ihnen haben zartrosa Fruchtfleisch, doch es gibt auch welche mit gelbem Fleisch. Die Früchte sind rund bis oval und wiegen zwischen 2 und 20 Kilogramm. Sie sind sich im Geschmack recht ähnlich, können jedoch in der Süße variieren. Ich bevorzuge ovale Melonen mit rotem Fruchtfleisch.

Die Schale soll unbeschädigt und fleckenlos, fest und matt sein und an der Unterseite, wo sie während der Reifung gelegen hat, eine leicht gelbliche Färbung aufweisen. Reife Wassermelonen haben einen feinen Duft und können sehr schwer sein, da sie zu 92 Prozent aus Wasser bestehen.

FÜR 2 GLÄSER

2 TL Chiasamen

400 ml Wasserkefir

400 g Wassermelone, gewürfelt

¼–½ Chilischote

Saft einer ½ Limette

Die Chiasamen 10–15 Minuten in dem Wasserkefir einweichen. Alle Zutaten zu einem glatten Smoothie mixen.

Maqui Blueberry-bucha

Maquibeeren kommen ursprünglich aus Patagonien (im Süden Chiles). Sie stehen auf der sogenannten ORAC-Liste, die den antioxidativen Effekt von Lebensmitteln aufzeigt, ganz weit oben. Maquibeeren enthalten viermal so viele Antioxidantien wie Heidelbeeren und doppelt so viele wie Acaibeeren. Dadurch sind sie eine wirksame Waffe gegen freie Radikale, schützen den Körper gegen oxidativen Stress und schützen vor vorzeitigem Altern. Die Antioxidantien stärken das Immunsystem, wirken entzündungshemmend und regulieren den Blutzuckerhaushalt. Maquibeeren sind außerdem sehr reich an Flavonoiden, Polyphenolen, Vitamin A, C und E sowie den Mineralstoffen Kalzium, Eisen und Kalium.

FÜR 2 GLÄSER

1 Banane, tiefgefroren

250 g Heidelbeeren

2 EL Ahornsirup

1 TL Zimt, gemahlen

2 TL Maquibeerenpulver

400 ml Kefir

Alle Zutaten zu einem glatten Smoothie mixen.

Brain Power Fuel

Ginkgo biloba gehört zu den weltweit meistverkauften Heilpflanzen. Die Blätter und Samen des Ginkgobaums, auch Fächerblattbaum genannt, fördern Blutzirkulation, Konzentrationsvermögen und Gedächtnis und können daher vor Demenzkrankheiten schützen.

TIPP!
Der Tee hält sich in einem verschlossenen Glasgefäß etwa eine Woche lang.

FÜR 2 GLÄSER

250 ml Ginkgo-Tee, gekühlt

150 ml Kombucha, natur

2 TL Chiasamen

250 g Heidelbeeren, tiefgefroren

½ TL Zimt

¼ TL Kardamom

½ TL Ingwer, gerieben

1 Prise Cayennepfeffer

Den Tee nach der Packungsanleitung zubereiten und kühlen. Die Gojibeeren für 10–15 Minuten in Kombucha oder Tee einweichen. Alle Zutaten zu einem herrlich blauvioletten Smoothie mixen.

Strawberrita

Ein wunderbar erfrischender, alkoholfreier Sommeraperitif, der außerdem noch sehr gesund ist! Man kann ihn schon vorher zubereiten und bis zum Servieren im Kühlschrank aufbewahren.

FÜR 2 GLÄSER

300 g Erdbeeren, tiefgefroren

½ TL Vanillepulver oder -essenz

geriebene Zeste einer ½ Limette

2 EL Kokosnektarzucker oder Ahornsirup

400 ml Kombucha

Alle Zutaten zu einem herrlich roten Sommerdrink mixen und mit einer Erdbeere garniert servieren.

Double Probiotic Potion

Banane ist ein perfektes Süßungsmittel für Smoothies. Wenn Bio-Bananen gerade im Angebot sind, weil sie schon etwas überreif sind und ein paar kleine schwarze Sprenkel auf der Schale haben, kaufe ich sie gern in größeren Mengen und friere sie ein, denn sie geben den Smoothies eine feine, cremige Konsistenz. Die Bananen schälen und in Scheiben schneiden, auf ein Backblech verteilen und in den Gefrierschrank stellen. Anschließend kommen sie in eine verschließbare Plastiktüte. Dort halten sie sich etwa sechs Monate. Nicht vergessen, das Datum auf die Tüte zu schreiben!

FÜR 2 GLÄSER

2 TL Chiasamen
150 ml Kombucha, natur
150 g Himbeeren
150 Erdbeeren
1 Banane, tiefgefroren
300 ml Kefir
1–2 Medjool-Datteln, entsteint
Eiswürfel (nach Belieben)

Die Chiasamen 10–15 Minuten in dem Kombucha einweichen. Alle Zutaten zu einem traumhaft cremigen Smoothie mixen! Soll der Smoothie kälter werden, zum Schluss noch ein paar Eiswürfel mitmixen.

Pina Colada-bucha

Ein klassischer karibischer Cocktail, doch mit einem gesunden Kick – und alkoholfrei!

Wenn Kokosnüsse reif sind, wird das Kokoswasser dickflüssig und milchig – das ist dann die echte Kokosmilch. Gekaufte Kokosmilch wird meist aus Kokosnussextrakt und Wasser hergestellt. Auf dem Etikett kann man oft ablesen, wie hoch der Anteil an Kokosnuss und Wasser ist. Nehmen Sie ungesüßte Kokosmilch ohne Zusätze.

Kokosmilch ist eine cremige und gesunde Alternative zu Kuhmilch, denn sie ist laktosefrei. Der Fettgehalt variiert, liegt jedoch meist bei 25 Prozent. Kokosmilch enthält Kalium, Eisen, Magnesium und Phosphor.

Kleinere Mengen Kokosmilch kann man selbst herstellen, indem man geriebene Kokosnuss mit Wasser versetzt. Das Wasser wird dann einfach abgeseiht. Kokosmilch kann man problemlos in Eiswürfelbehältern einfrieren.

FÜR 2 GLÄSER

150 ml Kokosmilch

150 ml Kombucha, natur

250 g Ananas, tiefgefroren

1 TL Vanillepulver oder -essenz

Alle Zutaten zu einem cremigen Smoothie mixen.

Flower Power

Kamille gehört zu den ältesten und beliebtesten Heilpflanzen Europas. Sie wächst auf dem ganzen Kontinent wild und wird zumeist wegen der lindernden Wirkung der weißen Blüten gepflückt. Kamille enthält ätherische Öle, darunter den blauen Farbstoff Chamazulen. Sie kann sowohl innerlich wie äußerlich angewendet werden und wirkt entzündungshemmend, antibakteriell, schweißtreibend und beruhigend.

Die Blüten werden gern als Beruhigungstee getrunken; für die Zubereitung braucht man etwa 1–2 Teelöffel getrocknete Blüten auf eine große Tasse heißes Wasser. Der Tee wirkt beruhigend auf Magen und Darm und schmerzstillend bei Magenschmerzen und Darmkolik. Auch bei Menstruationsbeschwerden, Migräne und Spannungskopfschmerzen können ein paar Tassen Kamillentee lindernd wirken. Kamille wirkt auch vorbeugend gegen Erkältungen. Kamillentee am Abend hilft beim Einschlafen.

Wenn Sie gegen Korbblütengewächse allergisch sind, sollten sie Kamille vermeiden.

FÜR 2 GLÄSER

250 ml Kamillen-, Ringelblumen- oder Lavendeltee, gekühlt (oder eine Mischung aus allen dreien)

6–8 Aprikosen, entsteint

100 g Himbeeren

100 g Erdbeeren

1–2 TL Pollen

250 ml Kombucha, natur

2 TL Kamillen-, Ringelblumen- oder Lavendelblüten auf 300 ml kochendes Wasser 10 Minuten zugedeckt ziehen und dann abkühlen lassen.

Alle Zutaten zu einem herrlich glatten Smoothie mixen.

Very Berry-beetbucha

Schwarze Johannisbeeren enthalten viele Ballaststoffe, Antioxidantien, Vitamin A, C, und K und Folsäure. Die Kerne enthalten Gammalinolensäure, Vitamin E und wichtige mehrfach gesättigte Fettsäuren, die unter anderem cholesterinsenkend wirken. Am wirksamsten sind zerstoßene Samen oder Samenpulver.

In Deutschland haben Schwarze Johannisbeeren von Ende Juni bis August Saison – dann lohnt es sich, zuzugreifen und die Beeren einzufrieren!

FÜR 2 GLÄSER

100 g Schwarze Johannisbeeren, tiefgefroren

50 g Heidelbeeren, tiefgefroren

50 g Brombeeren, tiefgefroren

50 g Himbeeren, tiefgefroren

1 TL Zimt

400 ml Kefir oder griechischer Joghurt

1 EL Leinöl oder Hanfsamenöl, kaltgepresst

1 Rote Bete, gekocht

2 TL Hanfsamen, geschält

1–2 Medjool-Datteln, entsteint

Alle Zutaten zu einem glatten Smoothie mixen.

Gingered Mangorita

Mango ist die Nationalfrucht Indiens und Pakistans. Sie ist reich an Antioxidantien wie Vitamin C und Kalium. Mango ist darüber hinaus besonders reich an Betakarotin, das im Körper in Vitamin A umgewandelt wird. Vitamin A ist gut für die Augen, die Knochen, die Haut, die Schleimhäute und das Immunsystem. Das Antioxidans Vitamin C stärkt Blutgefäße, Haut, Zähne und Knochen.

Vor allem die Schale der Mango enthält, wie auch Cashewnüsse, das Allergen Urushiol – Allergiker sollten daher Vorsicht walten lassen.

TIPP!
Wenn der Mixer nicht sehr leistungsstark ist, die Mango vorher etwas auftauen lassen.

FÜR 2 GLÄSER

300 g Mango, tiefgefroren

1–2 TL Ingwer, gerieben

Abgeriebene Schale einer ½ Limette

400 ml Kombucha, natur

100 ml Wasser

Alle Zutaten zu einem erfrischenden Sommerdrink mixen.

Stinging Nettle Elixir

Gibt es eigentlich jemanden, der sich noch nie an Brennnesseln verbrannt hat? Dennoch ist kaum eine Pflanze so nützlich wie dieses oft geschmähte „Unkraut".

Im 16. und 17. Jahrhundert verwendete man Brennnesseln als Heilmittel gegen Lähmungen, Rheuma, Skorbut, Schwindsucht, Husten – und wegen der behaarten Blätter sogar gegen Haarausfall! Leider zeigte die Behandlung oft nicht den gewünschten Heilerfolg, obwohl der hohe Anteil an Vitaminen und Mineralstoffen sicherlich nicht geschadet hat. Heute schätzt man Brennnesseln für ihre blutreinigende und generell stärkende Wirkung.

Die jungen Brennnesseltriebe haben den höchsten Anteil an Nährstoffen. Sie sind reich an Chlorophyll, Betakarotin, Kalzium, Kalium, Magnesium, Eisen, Kieselsäure, Mangan, Flavonoiden, Provitamin A, C und K Vitamin B sowie Folsäure. Brennnesselpulver ist einfach in der Anwendung und im Bioladen erhältlich. Ein Teelöffel Pulver deckt den Tagesbedarf an Vitamin C.

FÜR 2 GLÄSER

30 g Spinat

1 Birne, entkernt

½–1 TL Ingwer

2–3 TL Brennnesselpulver (oder eine Handvoll frischer Blätter, eine Stunde in Wasser eingeweicht)

250 ml Kombucha, natur

250 ml Apfelsaft, frisch gepresst

Alle Zutaten zu einem wunderbar grünen Smoothie mixen.

Mean Green Power Machine

Spirulina enthält 60–70 Prozent Protein, das sind sechsmal soviel wie in Eiern und dreimal soviel wie in Rindfleisch. Es setzt sich aus 18 verschiedenen Aminosäuren zusammen, von denen acht für den Menschen lebensnotwendig sind. Spirulina enthält außerdem wichtige Mineralstoffe, darunter Kalzium, Magnesium, Natrium, Kalium, Phosphor, Jod, Selen, Eisen, Kupfer, Zink und ein breites Spektrum von B-Vitaminen wie B1, B2, B5, B6, B11, B12, sowie Vitamin C und E. Der Gehalt an Betakarotin, der im Körper zu Vitamin A umgewandelt wird, ist 15-mal höher als bei Möhren und 40- bis 60-mal höher als bei Spinat.

TIPP!
Sie können die Dosis auf maximal 2 TL Spirulinapulver erhöhen, aber seien Sie vorsichtig! Das Pulver hat einen starken Eigengeschmack, der nicht jedem zusagt.

FÜR 2 GLÄSER

60 g Spinat
1–2 TL Ingwer, gerieben
½ Avocado
250 g Ananas, tiefgefroren
400 ml Kombucha
1 TL Spirulinapulver
1 TL Weizengraspulver

Alle Zutaten zu einem wunderbar grünen Smoothie mixen.

Burning Beetroot Magic Meal

Sie werfen doch hoffentlich nicht das Beste an der Roten Bete in den Abfall!? Die meisten Nährstoffe sitzen nämlich in den krautigen Blättern! Wenn Sie Rote Bete aus biologischem Anbau gekauft oder sogar selbst welche im Garten haben, sollten Sie das Grün unbedingt für dieses leckere Detoxgetränk verwenden. Bitten sie Ihren Gemüsehändler doch in Zukunft, die Blätter nicht abzuschneiden.

Das Rote-Bete-Kraut erinnert im Aussehen und Geschmack ein wenig an Mangold.

FÜR 2 GLÄSER

400 g Rote Bete, gekocht

1 Prise Cayennepfeffer

½ TL Himalajasalz

1 EL Olivenöl, extra vergine

1–2 Knoblauchzehen

250 ml Kombucha, natur

Alle Zutaten zu einem wunderbar roten Smoothie mixen.

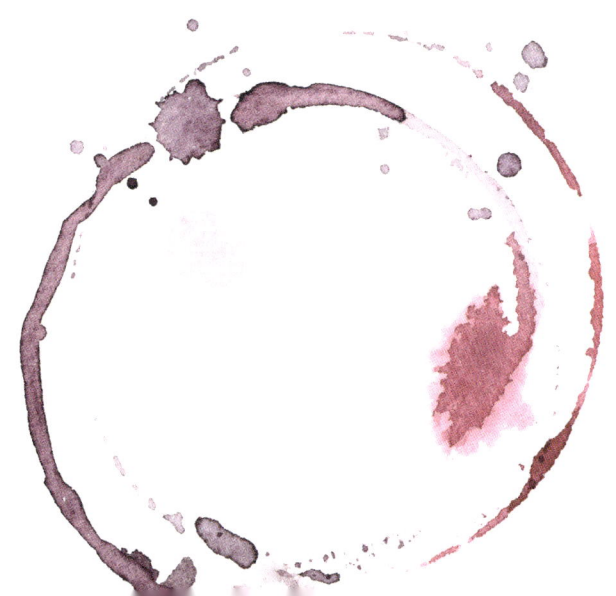

Carrot Coconut Power Meal

Möhren enthalten Betakarotin, ein Vorstadium von Vitamin A. Vitamin A und Karotin wirken vorbeugend gegen grauen Star und altersbedingte Veränderungen der Netzhaut und fördern das Sehvermögen im Dunkeln. Vitamin-A-Mangel kann Nachtblindheit verursachen. Möhren sind außerdem gut für die Haut.

Man lagert Möhren am besten in einer Plastiktüte im Kühlschrank oder in einem kühlen Raum. Das Grün vorher abschneiden, da es ansonsten der Frucht zu viel Flüssigkeit und Nährstoffe entzieht. Das Grün der Möhren kann man übrigens genau wie das der Roten Bete wunderbar verzehren – ich verwende es oft als grüne Zutat in meinen Smoothies.

TIPP!
Dieser Smoothie kann auch als Suppe für eine perfekte Zwischenmahlzeit oder ein leichtes Mittagessen serviert werden. Servieren Sie die Suppe in einer Schüssel mit frischem Koriander garniert. Superlecker!

FÜR 2 GLÄSER

4 große Möhren, geraspelt

1 Handvoll frischer Koriander

3 EL Olivenöl, extra vergine

2 TL Ingwer

¼ Chilischote

1 TL Currypulver

1–2 Medjool-Datteln

Himalajasalz

250 ml Kokosmilch

150 ml Kombucha, natur

Alle Zutaten zu einem herrlichen Smoothie mixen.

Elixir of Life

Weizengras enthält viel Vitamin A und C und ist ungewöhnlich reich an Vitamin B. Es ist außerdem eine ausgezeichnete Quelle von Mineralstoffen wie Kalzium, Eisen, Magnesium, Phosphor, Kalium, Natrium, Schwefel, Kobalt, Zink sowie von Proteinen. Der Saft reinigt das Blut und senkt den Blutdruck, entgiftet den Körper und stärkt den Kreislauf, indem er die Aufnahme von Eisen in den Blutkreislauf unterstützt. Weizengras ist übrigens glutenfrei!

Man kann Weizengras ganz leicht selbst ziehen. Dafür die Samen 1–2 Tage in Wasser einweichen und das Wasser dabei öfter wechseln. Dann eine 1–2 cm dicke Substratschicht in einen Anzuchtkasten geben, leicht andrücken und befeuchten. Die Samen dicht darauf ausstreuen, jedoch nicht mit Erde bedecken. Das Substrat in den ersten drei Tagen feucht halten (am besten mithilfe einer Sprühflasche), danach gelegentlich gießen und dabei vor allem darauf achten, dass die Erde gleichmäßig feucht bleibt. Den Kasten an einen hellen Platz stellen. Das Gras kann geerntet werden, wenn es etwa 18 cm hoch ist.

FÜR 2 GLÄSER

Eine Handvoll frisches Weizengras, gehackt (oder 2 TL Pulver)

100 ml Bio-Kokosmilch ohne Zusätze

250 g Ananas, tiefgefroren

2–3 TL Ingwer, gerieben

1 TL Kokosöl, extra vergine

250 ml Kombucha

Alle Zutaten zu einem leckeren Smoothie mixen. Ich trinke dieses Lebenselixier selbst fast jeden Tag, verwende dabei jedoch die doppelte Menge Ingwer und die dreifache Menge Weizengras.

Minty Maple Blueberry Mojito

Ahornsirup wird aus dem Rohsaft des Ahornbaums gewonnen. Dieser wird in den Wurzeln gebildet und steigt im Frühjahr auf, um den Baum für die Blattbildung mit Energie zu versorgen. Die Bäume werden dafür angeritzt und der Saft abgezapft. Der frisch gezapfte Saft wird auf schwacher Hitze zu goldbraunem Ahornsirup eingekocht. Ahornsaft enthält ca. 2–3 Prozent Zucker. Um 1 Liter Sirup zu erzeugen, benötigt man etwa 35 Liter Ahornsaft. Ahornsirup ist reich an Mineralstoffen wie Zink, Thiamin und Kalzium.

Im Handel findet man leider sehr häufig billige Ahornsirup-Imitationen. Diese bestehen zumeist aus einfachem Maissirup mit Ahornessenz als Geschmackszusatz und dürfen deshalb nicht die Bezeichnung „maple syrup" (Ahornsirup) führen. Lesen Sie daher stets sorgfältig das Etikett, denn die Werbung ist oft irreführend und bedient sich einer Reihe von ausweichenden Bezeichnungen. Auch der Preis ist ein Indikator: Guter Ahornsirup ist nicht billig – wenn er preiswert ist, ist es wahrscheinlich keiner! Am besten ist natürlich 100-prozentiger reiner Ahornsirup aus biologischem Anbau.

FÜR 2 GLÄSER

400 ml Kombucha, natur

2 TL Chiasamen

250 g Heidelbeeren

2–3 TL Minze, gehackt

2–3 EL Ahornsirup

Die Chiasamen 10–15 Minuten in Kombucha einweichen. Zusammen mit den übrigen Zutaten zu einem herrlich blauvioletten Smoothie mixen.

Raspberry Peach Dream

Pfirsiche gehören zu derselben Familie wie Pflaumen, Mandeln und Aprikosen. Es gibt Tausende von verschiedenen Pfirsichsorten. Die meisten haben die typisch pfirsichsamtige Haut, die Nektarine jedoch ist ein glatthäutiges Exemplar. Pfirsiche werden überwiegend aus Italien, Griechenland und Spanien importiert, die Hochsaison ist von Juli bis September.

Unreife Früchte sollten bei Zimmertemperatur nachreifen, jedoch kühl (bei 2–4 °C) gelagert und möglichst schnell verbraucht werden. Das Fruchtfleisch ist sehr druckempfindlich!

Ich kaufe in der Hochsaison größere Mengen von Pfirsichen ein, teile sie nach dem Entsteinen in Viertel und friere sie dann ein. Perfekt in Smoothies, zum Backen und zum Marmeladekochen im Winter!

FÜR 2 GLÄSER

3 Pfirsiche, entsteint

250 g Himbeeren, tiefgefroren

1–2 Medjool-Datteln, entsteint

250 ml Kombucha, natur

Alle Zutaten zu einem leckeren Smoothie mixen.

Buddha's Delight

Früher galt grüner Tee als Heilmittel, doch heute schätzt man ihn vor allem als schmackhaftes und gesundes Heißgetränk. Grüner Tee wurde lange Zeit nur in den Herkunftsländern China und Japan konsumiert, doch heute kennt man ihn in der ganzen Welt.

Grüner Tee besteht aus denselben Blättern wie Schwarztee, doch weurden bei Ersterem die Blätter nicht fermentiert. Daher schmeckt der Tee etwas herber und weckt Assoziationen an Heu, Gras, Algen und Meer. Für Liebhaber von schwarzem Tee ist der Geschmack von grünem Tee daher zunächst oft ein wenig gewöhnungsbedürftig.

Grüner Tee enthält einen hohen Anteil an Polyphenolen – Antioxidantien, die den Körper und das Erbgut vor freien Radikalen schützen. Letztere verursachen Schäden an Körperzellen und Erbgut sowie altersbedingte Degenerationserscheinungen. Darüber hinaus befinden sich in den Blättern Vitamine und Mineralstoffe mit natürlicher Heilkraft. Durch den niedrigen Teingehalt ist grüner Tee gut zur Entschlackung geeignet. Kaufen Sie Tee aus biologischem Anbau.

FÜR 2 GLÄSER

250 ml grüner Tee, gekühlt

4 EL Gojibeeren

1–2 TL Ingwer, gerieben

250 ml Kombucha, natur

Eiswürfel (nach Belieben)

Den Tee nach Packungsaweisung aufbrühen und abkühlen lassen. Die Gojibeeren 10–15 Minuten in dem kalten Tee einweichen – ich gebe dafür beides direkt in den Mixer. Alle Zutaten zu einem würzigen Smoothie mixen. Soll der Smoothie kälter werden, zuletzt noch ein paar Eiswürfel dazumixen.

Master Cleanse

Chili bringt den Stoffwechsel auf Trab! Es gibt allerdings unterschiedlich scharfe Sorten, daher ist bei der Verwendung erst einmal Vorsicht geboten! Handelsübliche Sorten in Europa sind zum Beispiel Peperoncini oder Jalapeno (amerikanische Standardchili) oder die extrem scharfe Habanero. Es gibt Chili auch getrocknet oder in Pulverform als Cayennepfeffer zu kaufen; dieser ist in der Verwendung fast so gut wie frischer. Aber wie gesagt: Vorsicht beim Ausprobieren!

Die Schärfe, hervorgerufen durch den Wirkstoff Capsaicin, sitzt übrigens nicht in den Kernen oder im Fruchtfleisch, sondern in der Plazenta und den Samenstielen. Man kann den Schoten daher viel von ihrer Schärfe nehmen, wenn man sie halbiert und das Innere herausschneidet. Capsaicin ist ein Öl und daher nicht wasserlöslich – wenn man sich an Chili den Mund verbrannt hat, hilft es also nicht, Wasser zu trinken! Kauen Sie stattdessen ein paar Nüsse, denn Capsaicin ist fettlöslich.

FÜR 2 GLÄSER

2 Äpfel, entkernt

2 EL Ahornsirup

Abgeriebene Schale von 1 Limette

1–2 Prisen Cayennepfeffer

400 ml Kombucha, natur

Eis

Alle Zutaten zu einem leckeren Smoothie mixen. Soll der Smoothie kälter werden, zum Schluss noch ein paar Eiswürfel dazumixen.

Black Magic

Der Chagapilz *(Inonotus obliquus)* gilt als der heilkräftigste aller Heilpilze. In Sibirien nennt man ihn „Pilz der Unsterblichkeit", „Das Geschenk der Götter" oder „Himmelsgeschenk". In Asien wird der Chagapilz schon seit Tausenden Jahren als Heilmittel und zur Stärkung des Immunsystems angewendet. Der Pilz soll gegen Brust-, Leber-, Gebärmutter- und Magenkrebs sowie gegen Bluthochdruck und Diabetes helfen und bei Schuppenflechte in 100 Prozent der Versuchsfälle wirksam gewesen sein. Außerdem soll er den Blutzuckerspiegel senken.

Der Chagapilz bekämpft Viren und Bakterien, Pilzinfektionen, stärkt das Immunsystem und hilft dadurch gegen Autoimmunkrankheiten. Das Gute ist, dass man ihn nicht überdosieren kann.

Ich verwende ihn als Tee, als Absud oder als Extrakt und nutze ihn in Pulverform als Zutat in meinen Smoothies.

FÜR 2 GLÄSER

250 ml Chagatee, gekühlt

50 g Cashewkerne, ungesalzen

2 TL Hanfsamen, geschält

300 g Brombeeren, tiefgefroren

½ TL Zimt

1–2 Medjool-Datteln, entsteint

250 ml Kefir (nach Belieben)

Den Chagatee nach Packungsanweisung kochen und abkühlen lassen. Zuerst die Cashewkerne mit dem Tee mischen und dann mit den anderen Zutaten zu einem magischen Smoothie mixen.

Blueberry Lavendel Bliss

Lavendel wirkt krampflösend, harntreibend und hilft bei Durchfall und anderen Magen-Darm-Beschwerden. Er ist außerdem ein wirksames Wundheilmittel. Durch seine durchblutungsfördernde Wirkung soll er bei Hexenschuss und anderen Muskelschmerzen sowie bei Rheuma helfen. Das ätherische Öl wirkt antiseptisch, beruhigend und lindernd bei Insektenstichenn und leichten Verbrennungen. Bei Kopfschmerzen können ein Paar Tropfen Lavendelöl auf den Schläfen für Linderung sorgen. 6 Tropfen Öl im Badewasser wirken beruhigend und schlaffördernd bei Kindern.

Getrocknete Lavendelblüten (im Duftkissen oder als Tee) helfen bei Migräne, innerer Unruhe und Schwindelgefühlen. 2 Teelöffel Lavendelblüten mit 200 ml kochendem Wasser übergießen und den Tee 5 Minuten ziehen lassen. Lavendeltee hält sich in einer Glasflasche bis zu einer Woche im Kühlschrank.

FÜR 2 GLÄSER

250 ml Lavendeltee, gekühlt

2 EL Chiasamen

250 ml griechischer Joghurt mit Bakterienkulturen

200 g Heidelbeeren

1–2 Medjool Datteln, entsteint

Den Tee aufbrühen und abkühlen lassen. Die Chiasamen in dem kalten Tee 10–15 Minuten einweichen. Alle Zutaten zu einem herrlichen Smoothie mischen.

Nordic Love Story

Preiselbeeren wachsen in Skandinavien überall wild. Obwohl die Büsche immergrün sind, halten sie im Winter Temperaturen von bis zu minus 40 °C stand. Preiselbeeren kann man unter den richtigen Bedingungen aber auch im Garten kultivieren.

Preiselbeeren enthalten viel Vitamin A, B und C sowie die Mineralstoffe Kalium, Kalzium, Phosphor und Eisen. Durch ihre antibakterielle Wirkung sind sie, wie auch Cranberrys, gut gegen Harnwegsinfektionen und neutralisieren sogar den Uringeruch. Preiselbeeren können auch bei Magengeschwüren und Zahnfleischentzündungen helfen. Früher galten Preiselbeeren als fiebersenkendes Heilmittel.

FÜR 2 GLÄSER

400 ml Kefir oder griechischer Joghurt

200 g Preiselbeeren, tiefgefroren

1 TL Zimt

½ TL Kardamom

2–3 EL Honig

1 TL Pollen

Alle Zutaten zu einem traumhaften rosa Smoothie mixen.

Blackberry Beast

Eine Handvoll Brombeeren enthält beinahe die Hälfte des menschlichen Tagesbedarfs an Ballaststoffen. Diese halten den Darm in Gang, fördern den Stoffwechsel und regulieren den Blutzuckerhaushalt. Brombeeren sind eine gute Quelle von Vitamin C und E, Kalium, Mangan, Magnesium, Eisen sowie Vitamin K, das die Aufnahme von Kalzium in den Körper unterstützt.

Brombeeren verdanken ihre dunkle Farbe dem Pflanzenfarbstoff Anthocyan, der auch eine antioxidative und entzündungshemmende Wirkung hat und freie Radikale bekämpft, die zu Krebserkrankungen führen können.

FÜR 2 GLÄSER

2 TL Leinsamen
150 ml Apfelsaft, frisch gepresst
250 ml Kefir oder griechischer Joghurt
250 g Brombeeren, tiefgefroren
1 TL Chagapulver (nach Belieben)
½ TL Vanillepulver oder -extrakt

Die Leinsamen 10–15 Minuten in dem Apfelsaft einweichen. Dann alle Zutaten zu einem leckersämigen Smoothie mixen.

Melonberry

Melonen gehören zu derselben Familie wie Kürbisse und Gurken. Es gibt viele verschiedene Melonensorten; normalerweise unterteilt man sie in Wassermelonen und Zuckermelonen. Wassermelonen haben meist rosarotes Fruchtfleisch und schwarzbraune Kerne, obwohl es auch kernlose Sorten mit grünem oder gelbem Fruchtfleisch gibt. Bei Zuckermelonen sind die Kerne im Gegensatz zur Wassermelone in der Mitte konzentriert, wodurch sie leichter zu putzen sind. Zuckermelonen sind in der Regel süßer, haben eine weichere Konsistenz und einen süßen Duft. Beliebte Sorten sind Honigmelone, Netzmelone, Cantaloupe, Charentais-Melone und Galiamelone.

FÜR 2 GLÄSER

2 TL Chiasamen

150 ml Kombucha

300 g Wassermelone, gewürfelt

150 g Himbeeren, tiefgefroren

100 g Erdbeeren, tiefgefroren

1 Banane

1 TL Lucumapulver (nach Belieben)

Die Chiasamen 10–15 Minuten in dem Kombucha einweichen. Alle Zutaten zu einem glatten Smoothie mixen.

TIPP! Wenn der Mixer nicht sehr leistungsstark ist, die Beeren vorher etwas auftauen lassen.

Green First Aid

Die frischen Blätter der Petersilie enthalten unter anderem die Mineralstoffe Eisen, Kalzium, Kalium und Magnesium sowie Vitamine A und C. 5 Gramm Petersilie decken unseren Tagesbedarf an Vitamin A, 30 Gramm Petersilie decken den Tagesbedarf an Vitamin C.

Petersilie wirkt harntreibend, krampflösend, blutdrucksenkend und mindert das Risiko für Herzrhythmusstörungen (Vorhofflimmern). Petersilie regt außerdem den Appetit an und unterstützt den Stoffwechsel. Kauen Sie ein paar Petersilienblätter gegen schlechten Atem oder Knoblauchgeruch.

FÜR 2 GLÄSER

30 g Blätter glatte Petersilie, gehackt

30 g Spinat

1–2 TL Ingwer, gerieben

2 Kiwi, geschält und grob gehackt

3 Birnen, entkernt

250 ml Kombucha oder Wasserkefir

Eiswürfel (nach Belieben)

Alle Zutaten zu einem herrlich grünen Smoothie mixen. Soll der Smoothie kälter werden, zuletzt noch ein paar Eiswürfel dazumixen.

Passionate Raspberry Romance

Himbeeren gehören zu den Superbeeren, denn sie enthalten viele gesundheitsfördernde Nährstoffe. Sie wirken entzündungshemmend und stärken die Abwehrkräfte. Sie enthalten viele Ballaststoffe und senken dadurch auch den Cholesterinspiegel. Himbeeren enthalten viel Vitamin C, Folsäure, Eisen, Kalzium und Kalium. Außerdem wirken sie schleimlösend, entgiftend und lindernd bei Menstruationsbeschwerden.

Kaufen Sie vorzugsweise Himbeeren mit gleichmäßiger Farbe und verbrauchen Sie sie innerhalb von zwei Tagen. Himbeeren kann man wunderbar einfrieren. Es gibt sie im Naturkostladen sogar in Pulverform zu kaufen – ich verwende selbst gern Himbeerpulver in meinen Smoothies.

FÜR 2 GLÄSER

4 Maracujafrüchte

250 g Himbeeren, tiefgefroren

1 Banane

2–3 TL Kokosnektarzucker (oder Naturhonig)

400 ml Kombucha, natur

Das Fruchtfleisch der Maracuja herauslöffeln und mit den anderen Zutaten zu einem leckeren Smoothie mixen.

TIPP! Wenn der Mixer nicht sehr leistungsstark ist, die Himbeeren vorher etwas auftauen lassen.

Mystical Garden

Gründlich gewaschene Kiwi kann man mitsamt der Schale essen! Sie ist weich und schmackhaft und man spürt die Haare nicht auf der Zunge. Außerdem enthält die Schale viele nützliche Nährstoffe. Kiwifrüchte enthalten sehr viel Vitamin C und Vitamin E. Man sollte sie jedoch nicht mit Milchprodukten zusammen verwenden, sondern lieber zusammen mit Beeren oder tropischen Früchten.

Bis in die 1960er-Jahre wurde die Kiwi wegen ihres Geschmacks auch chinesische Stachelbeere genannt. Sie wird zumeist aus Neuseeland importiert, doch zwischen November und April auch aus dem Mittelmeerraum. Eine gute Kiwi gibt bei leichtem Druck etwas nach. Vermeiden Sie allzu weiche Früchte, denn diese schmecken schnell unangenehm.

FÜR 2 GLÄSER

250 ml Löwenzahntee, gekühlt

250 ml Wasserkefir

½–1 TL Ingwer, gerieben

3 Kiwis, grob gehackt

30 g Spinat

Alle Zutaten zu einem herrlich süßen, grünen Smoothie mixen.

Minty Mango Lassi

Ich liebe Lassi! Das erfrischende Getränk auf Kefirbasis stammt ursprünglich aus dem Punjab, einer Region in Indien und Pakistan. Je nach Rezept kommen noch verschiedene Früchte und Gewürze hinzu, zum Beispiel Ingwer, Zimt, Muskatnuss, Chili, Spitzkümmel oder Koriander. Man kann für einen Lassi eigentlich fast jede Art von Früchten und Beeren verwenden.

Minze ist ebenfalls eine traditionelle Zutat, sie gibt dem Lassi den charakteristischen aromatischen Duft und Geschmack. Normalerweise verwendet man Pfefferminze oder Krausminze. Minze wirkt antibakteriell, krampflösend, entzündungshemmend, kühlend und beruhigend und unterstützt den Stoffwechsel. Sie ist eine dankbare und anspruchslose Pflanze und breitet sich sehr rasch im Kräutergarten aus!

FÜR 2 GLÄSER

400 ml Kefir oder Joghurt, natur

200 g Mango, gefroren

3–4 TL Minze, gehackt

½ TL Zimt

½ TL Kardamom

1 Prise Muskatnuss

½ TL Ingwerpulver

Alle Zutaten zu einem herrlich erfrischenden, leicht schaumigen Getränk mixen.

TIPP!
Wenn der Mixer nicht sehr leistungsstark ist, die Mango vorher etwas auftauen lassen.

Hibiscus Heaven

Schon die Pharaonen im alten Ägypten sollen Hibiskustee getrunken haben. Der leicht säuerliche, rosarote Tee wird aus den getrockneten Blüten aufgebrüht und kann heiß oder kalt getrunken werden. Er erinnert im Geschmack ganz leicht an Preiselbeeren.

Der Tee ist leicht harntreibend und wirkt beruhigend und fiebersenkend, unterstützt die Gallenfunktion und schützt die Schleimhäute. Außerdem senkt er den Blutdruck und fördert die Verdauung. Er ist reich an Vitamin C und Antioxidantien und stärkt die Abwehrkräfte des Körpers.

Wenn Sie zu niedrigen Blutdruck haben, sollten Sie Hibiskustee lieber nicht trinken. Auch bei Schwangerschaft wird davon abgeraten.

FÜR 2 GLÄSER

200 ml Hibiskustee, gekühlt

200 ml Wasserkefir oder Kombucha

200 g Himbeeren, tiefgefroren

100 g Mango, gefroren

1–2 TL Naturhonig

Den Tee aufbrühen und abkühlen lassen. Alle Zutaten zu einem glatten Smoothie mixen.

TIPP!
Wenn der Mixer nicht sehr leistungsstark ist, die gefrorenen Früchte vorher auftauen lassen.

Love Potion

Der Granatapfel stammt ursprünglich aus Persien und wird dort schon seit Tausenden von Jahren kultiviert. Granatäpfel sind vor allem reich an Folsäure und Antioxidantien wie Vitamin C, Karotin und Anthocyanin (das dem Granatapfel die rote Farbe gibt) sowie einer Reihe von Polyphenolen. Antioxidantien wirken aufbauend, stärken das Immunsystem und schützen vor freien Radikalen. Folsäure fördert das Zellwachstum und die Bildung von roten Blutkörperchen.

Das Herauslösen der saftigen roten Kerne kann ziemlich zeitraubend sein – ich selbst gebe das Ganze in den Entsafter, das spart Zeit und man kann den Saft dann wunderbar in Eiswürfelbehälter geben und einfrieren. Granatäpfel gibt es im Winterhalbjahr frisch zu kaufen – im Sommer kann man dann auf die Vorräte im Gefrierschrank zurückgreifen.

FÜR 2 GLÄSER

250 ml Granatapfelsaft, frisch gepresst

250 ml Kombucha

200 g Himbeeren, tiefgefroren

150 Mango, tiefgefroren

Alle Zutaten zu einem herrlich roten Zauberelixier mixen.

TIPP!
Wenn der Mixer nicht sehr leistungsstark ist, die Himbeeren und die Mango vorher etwas auftauen lassen.

Morning Jump Start

Chiasamen sind ein echtes Superfood. 100 Gramm enthalten 31 Gramm Fett, davon 20 Gramm Linolensäure (die pflanzliche Form von Omega-3-Fettsäure). 2 Teelöffel Chiasamen enthalten mehr Omega 3 als ein normalgroßes Lachsfilet. Omega 3 regelt den Hormonhaushalt des Körpers und wirkt entzündungshemmend. Chiasamen enthalten außerdem Mineralstoffe wie Magnesium, Kalium und Zink.

100 Gramm Chiasamen enthalten 21 Gramm Protein (mit 18 Aminosäuren!) – das macht sie zu einer wichtigen pflanzlichen Proteinquelle. Chiasamen enthalten außerdem große Mengen von wasserlöslichen Ballaststoffen. Diese regen die Darmtätigkeit an und regulieren den Blutzuckerspiegel.

FÜR 2 GLÄSER

2 EL Chiasamen

4 EL Gojibeeren

150 ml Apfelsaft, frisch gepresst

150 g Erdbeeren, tiefgefroren

250 ml Kefir

1 Banane, tiefgefroren

Die Chiasamen und Gojibeeren 10–15 Minuten in dem Apfelsaft einweichen. Alle Zutaten zu einem herrlich gesunden Vitamincocktail mixen.

Total Detoxification

Ich ziehe Spinat im eigenen Garten und ernte eigentlich jedes Mal mehr, als ich verbrauchen kann. Daher gibt es in meinem Gefrierschrank einen großen Spinatvorrat. Ich finde es am praktischsten, die Blätter im Mixer zu zerkleinern und in Eiswürfelbehältern einzufrieren. Die Spinatwürfel kommen in eine verschließbare Plastiktüte und halten sich dann etwa 6 Monate (Datum nicht vergessen!).

Spinat ist ebenfalls ein Superfood, denn er ist voll mit Antioxidantien und Nährstoffen: Neben Vitamin A, B9 (Folsäure), C, E und K findet man in den Blättern auch die Mineralstoffe Kupfer, Eisen, Magnesium, Kalzium, Chlorophyll sowie reichlich Ballaststoffe. Spinat enthält große Mengen an anorganischem Nitrat, das der Widerstandskraft und dem Muskelaufbau des Körpers zugute kommt. Laut Studien steigert Spinat die Effektivität der Mitochondrien (die Energielieferanten der Zelle). Dadurch übersäuert der Körper bei physischer Anstrengung nicht so schnell. Man sagt ihm in bestimmten Fällen sogar krebshemmende und blutdrucksenkende Wirkung sowie Linderung bei Magengeschwüren nach.

FÜR 2 GLÄSER

60 g Spinat

30 g Grünkohl ohne Stängel

400 ml Kombucha oder Wasserkefir

2 TL Weizengraspulver

1 TL Spirulinapulver

1–2 TL Ingwer, gerieben

250 g Ananas, tiefgefroren

Zuerst Spinat, Grünkohl und Kombucha mixen, dann die übrigen Zutaten dazugeben und zu einem leckeren grünen Smoothie verarbeiten.

Rise and Shine

Der Vitamin-C-Gehalt einer Grapefruit ist höher als der Tagesbedarf eines Erwachsenen. Rosa Grapefruits enthalten mehr Zucker als gelbe. Grapefruit kräftigt das Immunsystem, ist gut für den Teint und enthält Antioxidantien, die unter anderem vor Herz- und Gefäßkrankheiten und Krebs schützen sollen. Grapefruit soll außerdem gegen Grippe sowie Entzündungen des Mund- und Rachenbereichs, der Ohren und der Harnwege schützen sowie den Cholesterinspiegel und den Blutdruck senken. Zerstoßene Grapefruitkerne wirken nicht nur antibakteriell, sondern auch antifungal und sind daher wirksam bei Pilzinfektionen.

Man sollte den Genuss von Grapefruit allerdings vermeiden, wenn man bestimmte Medikamente einnimmt, besonders gegen Herz- und Blutdruckbeschwerden. Befragen Sie in diesem Fall vorher Ihren Arzt.

FÜR 2 GLÄSER

2 TL Chiasamen

250 ml Kombucha, natur

4 Grapefruit

150 g Ananas, tiefgefroren

1 EL Macapulver

1 EL Lucumapulver

Die Chiasamen 10–15 Minuten in dem Kombucha einweichen. Die Grapefruit schälen und filetieren (die Schale, die weiße Haut und die Kerne sorgfältig entfernen). Alle Zutaten zu einem herrlichen Smoothie mixen.

Witches Brew

In der Volksmedizin werden Hagebutten traditionell gegen Skorbut (eine Vitamin-C-Mangelkrankheit) angewendet. Auch als Hausmedizin gegen Verstopfung, Abgeschlagenheit, Gelenkschmerzen, Entzündungen der Darmschleimhaut, Emphyseme, Ohrenkrankheiten, Hämorrhoiden, Harnwegsinfektionen, Kolik, Gelenkbeschwerden sowie Steifheit von Hals, Rücken, Beinen und Füßen wurde die Hagebutte lange sehr geschätzt. Und nicht nur Menschen wurden mit Hagebutten behandelt, sondern auch Pferden verabreichte man sie zur Stärkung der Abwehrkräfte.

Hagebuttenpulver wird aus im Ganzen getrockneten Hagebutten hergestellt und enthält 60-mal mehr Vitamin C als Zitrusfrüchte. Hagebutten sind außerdem reich an Antioxidantien und lebenswichtigen Mineralstoffen wie Eisen, Kalzium, Kalium und Magnesium. Sie enthalten viel Folsäure – sehr wichtig für stillende Frauen, Schwangere sowie Frauen, die gern schwanger werden möchten. Man kann Hagebuttenpulver sehr leicht selbst herstellen: Einfach die Hagebutten trocknen und dann zu Pulver zermahlen.

FÜR 2 GLÄSER

250 ml Löwenzahntee, gekühlt

2 Äpfel, entkernt

2 EL Kürbispüree

3 TL Hagebuttenpulver

2 TL Chagapulver

1 TL Macapulver

1 TL Lucumapulver

250 ml Kombucha oder Wasserkefir

Den Löwenzahntee aufbrühen und abkühlen lassen. Alle Zutaten zu einem supergesunden Zaubertrank mixen.

TIPP!
Frische Brennnesselblätter passen ebenfalls hervorragend in diesen Smoothie, aber sie sollten vorher mindestens eine halbe Stunde gewässert werden.

Pink Thunder

Angeblich soll eine einzige Sanddornbeere soviel Vitamin C enthalten wie eine einzige Orange. In Wirklichkeit variiert der Vitamin-C-Gehalt jedoch je nach Sorte und Reife zwischen 100 und 1300 Milligramm per 100 Gramm Beeren. Sanddorn enthält das für das Wachstum so wichtige Vitamin B12 (besonders wichtig für Vegetarier), außerdem B1, B2, B3 (Niacin), B6, B9 (Folsäure), Pantotensäure, Bioten und Vitamin E und K.

Sanddorn ist eigentlich ein Wildstrauch, doch in den letzten Jahren ist es gelungen, ihn auch kommerziell anzubauen, besonders in Nord- und Osteuropa, Asien, USA und Kanada. Er ist heterozygot, d. h. die Pflanzen sind entweder weiblich oder männlich. Die weiblichen Blüten produzieren die Beeren, müssen jedoch zuvor von einer männlichen Blüte befruchtet werden. Manchmal entwickeln sich auch Beeren aus den männlichen Blüten, dann jedoch in geringem Umfang. Da die Bestäubung durch den Wind erfolgt, reicht es aus, männliche und weibliche Sträucher zusammen anzupflanzen.

TIPP!
Wenn der Mixer nicht sehr leistungsstark ist, die Beeren vorher etwas auftauen lassen.

FÜR 2 GLÄSER

2–3 TL Sanddornpulver (oder 50 g frische oder tiefgefrorene Beeren)

200 g Himbeeren, tiefgefroren

200 g Wassermelonen, in Würfeln

250 ml Kefir oder griechischer Joghurt

1–2 TL Honig

Alle Zutaten zu einem glatten Smoothie mixen.

Blueberry Heaven

Heidelbeeren enthalten viele Antioxidantien und werden oft zu den Superbeeren gezählt. Sie sind gut für die Haut und die Augen – sie sollen das Nachtsehvermögen verbessern und grünem Star entgegenwirken. Heidelbeeren verbessern die Blutzirkulation in den Beinen und verhindern dadurch die Bildung von Krampfadern; sie wirken entzündungshemmend und blutverdünnend und senken den Cholesterinspiegel. Heidelbeeren sind besonders für Diabetiker interessant, denn sie können auch den Blutzuckerspiegel senken. Außerdem helfen Heidelbeeren bei Entzündungen der Harnwege und bei Durchfall.

Wilde Heidelbeeren enthalten besonders viele Nährstoffe, vor allem Flavonoide, Karotin, Vitamin C, Vitamin B6 und Magnesium.

FÜR 2 GLÄSER

150 g Heidelbeeren, tiefgefroren

350 ml griechischer Joghurt

1 TL Vanillepulver oder Vanilleextrakt

2 TL Naturhonig

1 TL Pollen

2 TL Hanfsamen, geschält

Alle Zutaten zu einem glatten Smoothie mixen. Wenn Sie frische Beeren verwenden, zum Schluss ein paar Eiswürfel dazumixen.

TIPP!
Griechischer Joghurt ist wunderbar lecker und sehr leicht selbst zu machen – preiswert, gesund und einfach! Das Rezept dafür finden Sie auf Seite 39.

Rejuvenating Potion

Avocados sind sehr reich an ungesättigten Fettsäuren, die u. a. das Altern der Haut verzögern und die Hirnleistung steigern. In der Volksmedizin galt die Avocado vielerorts auch als Aphrodisiakum. Daneben enthält die Frucht wertvolle Nährstoffe, die gesund sind für Leber, Herz, Haut und Haar. Der hohe Gehalt an Vitamin E macht die Haut glatt, gesund und geschmeidig und sorgt für glänzende Haare. Der hohe Anteil an Kalium reguliert den Blutdruck und stärkt die Muskulatur. Avocados sind außerdem reich an Ballaststoffen, Folsäure, Vitamin A, B und C sowie Magnesium.

FÜR 2 GLÄSER

2 Avocados, entkernt und geschält

60 g Spinat

250 ml Brottrunk

150 ml Apfelsaft, frisch gepresst

1 Banane

1 Limette, Saft

Alle Zutaten zu einem glatten Smoothie mixen.

TIPP!
Ich mache mir ein- bis zweimal in der Woche eine Gesichtsmaske aus einer zerdrückten Avocado. Man kann Avocados außerdem als Ganzkörpermaske und Haarpackung verwenden. Es ist natürlich eine aufwändige Aktion, sie anschließend unter der Dusche wieder abzuwaschen, aber das Ergebnis ist es mir allemal wert!

Wild Flowerberry

Bienenpollen gibt diesem Smoothie das feine blumige Aroma. Pollen oder auch Blütenpollengranulat sind eine fantastische Nahrungsergänzung, die einfach vollgepackt ist mit guten Dingen. Der Pollen enthält nämlich so ziemlich alles, was der Körper braucht, um gesund und leistungsfähig zu bleiben. Er enthält ungefähr 200 bioaktive Nährstoffe, und das in einer wesentlich stärkeren Konzentration als in Obst und Gemüse. Unter anderem enthält Pollen 22 verschiedene Aminosäuren, Antioxidantien wie zum Beispiel Bioflavonoide und Polyphenole, 27 Mineralstoffe und 16 Vitamine. Pollen stärkt das Immunsystem, verbessert die Konzentration und das Gedächtnis, fördert die Sexualleistung und die Fruchtbarkeit, zügelt den Appetit, bringt den Stoffwechsel auf Trab und steigert die Energie. Die Pollenkörner sind oft unterschiedlich in der Farbe, je nachdem welche Art von Blüten die Bienen angeflogen haben. Auch die Jahreszeit oder die Beschaffenheit der Landschaft kann den Geschmack des Pollens beeinflussen.

Interessant ist vor allem, dass Bienenpollen vor Heuschnupfen schützen kann. Wenn man Pollen aus einer bestimmten Gegend ein paar Wochen lang regelmäßig einnimmt, kann es die allergische Reaktion lindern oder unter gewissen Umständen sogar ganz verschwinden lassen.

FÜR 2 GLÄSER

250 ml Kamillentee, gekühlt

200 g Walderdbeeren

2 Birnen, entkernt

250 ml Kombucha

2 TL Naturhonig

1–2 TL Pollen

Eis (nach Belieben)

Den Tee aufbrühen und abkühlen lassen. Alle Zutaten zu einem glatten Smoothie mixen. Wenn der Smoothie kälter werden soll, zuletzt ein paar Eiswürfel dazumixen.

ZUR UNBEDENKLICHKEIT VON POLLEN

Die Einnahme von Bienenpollen ist für die meisten Menschen unbedenklich, außer, wenn man eine Pollenallergie hat. Machen Sie im Zweifelsfall zuerst den Zungentest: Eine Messerspitze Pollen probieren und abwarten, ob sich auf der Zunge, im Rachenraum oder in den Nebenhöhlen eine negative Reaktion zeigt. Ist das nicht der Fall, kann man den Pollen bedenkenlos verwenden.

Berrybucha

Rote Johannisbeeren sind reich an Vitamin C und K sowie Kalium. Sie enthalten außerdem sehr viele Ballaststoffe. Aus Roten und Schwarzen Johannisbeeren kann man übrigens leckeren Beerenwein brauen! Reife Beeren lassen sich außerdem ausgezeichnet einfrieren.

TIPP!
Wenn der Mixer nicht sehr leistungsstark ist, die Beeren vorher etwas auftauen lassen. Für Beeren-Smoothies kann man eigentlich jede beliebige Beerenmischung verwende. Wer keine Datteln mag, kann zum Süßen auch Bananen oder Ananas verwenden.

FÜR 2 GLÄSER

150 g Rote Johannisbeeren, tiefgefroren

50 g Himbeeren, tiefgefroren

50 g Brombeeren, tiefgefroren

50 g schwarze Johannisbeeren, tiefgefroren

1 Banane

400 ml Kombucha

1–2 Medjool-Datteln, entsteint

Alle Zutaten zu einem wunderbar beerigen Smoothie mixen.

Tropical Wild Strawberry

Walderdbeeren, auch Monatserdbeeren oder Buscherdbeeren genannt, sind einfach unvergleichlich aromatisch in Duft und Geschmack. Sie sind schon seit Jahrhunderten beliebt und für viele von uns sind damit schöne Kindheitserinnerungen verbunden. Es gibt sie inzwischen auch als Gartengewächse, und sie sind die Lieblingsfrüchte meiner dreijährigen Tochter.

Diese Gartenvarianten sind sehr anspruchslos und sie tragen Früchte vom Frühling bis zu den ersten Herbstfrösten! Natürlich sind die wild wachsenden Sorten, darunter auch die Moschus-Erdbeere, immer noch aromatischer im Geschmack als die Kulturpflanzen.

FÜR 2 GLÄSER

200 g Walderdbeeren (oder normale Erdbeeren)

50 g Multebeeren

150 g Ananas, tiefgefroren

400 ml Wasserkefir

Alle Zutaten zu einem göttlich-beerigen Smoothie mixen.

TIPP!
Man kann ersatzweise natürlich auch – möglichst vollreife – normale Erdbeeren verwenden. Wenn keine Multebeeren erhältlich sind, die Erdbeermenge auf 250 g erhöhen.

Probiotic Weed

Dreiblatt oder Giersch (*Aegopodium podagraria*) gilt allgemein als Unkraut, doch in Wirklichkeit handelt es sich um eine ausgewilderte Gemüsesorte, die vor langer Zeit in Klostergärten angebaut wurde. Man kann den so geschmähten Giersch also tatsächlich wunderbar verzehren! Wie andere grüne Blattgemüse ist Giersch reich an Vitaminen und Mineralstoffen. Er schmeckt warm und kalt als Zutat in Smoothies, Suppen, Aufläufen, Salaten, Gemüsebratlingen und sogar als Pesto.

Giersch ist eine meine Lieblingsgemüsesorten und ich freue mich jedes Jahr auf die ersten hellgrünen Schösslinge. Freuen Sie sich also, wenn Sie Giersch im Garten haben – denn dann brauchen Sie nie mehr Spinat zu kaufen!

VORSICHT!
Vergewissern Sie sich vor dem Pflücken, dass es sich mit Sicherheit um Giersch handelt. Essen Sie niemals etwas, von dem Sie nicht ganz genau wissen, was es ist!

FÜR 2 GLÄSER

250 ml Löwenzahntee

250 ml Kombucha oder Wasserkefir

60 g Gierschblätter

1 TL Brennnesselpulver oder eine Handvoll frischer Blätter (mindestens 30 Minuten wässern)

2 Äpfel, entkernt

1–2 Medjool-Datteln, entsteint

Alle Zutaten zu einem herrlich grünen Smoothie mixen.

ACHTUNG!

Das fermenierte Getränk in der Flasche niemals schütteln oder umrühren, bevor es geöffnet wird, besonders wenn es aromatisiert ist und die Fermentation weitergeht. Es ist, genau wie Champagner, ein kohlensäurehaltiges Getränk. Deswegen sollte man es mit großer Sorgfalt behandeln. Die Glasflaschen müssen druckfest sein und über einen festen Korkverschluss verfügen, sonst besteht die Gefahr, dass die Flasche explodiert. Sie können die Flaschen in einer geschlossenen Box lagern, beispielsweise in einer Picknick-Kühlbox.

Der Druck muss von Zeit zu Zeit abgelassen werden, vorzugsweise mit einem sauberen Handtuch, das um die Öffnung gewickelt ist, während die Flasche langsam geöffnet wird. Verwenden Sie nur wenig Würzmittel (5–10%), weil besonders bei süßen Früchten während der Fermentation viel Gas entstehen kann, sodass der Inhalt beim Öffnen herauslaufen kann. Ich schwöre Ihnen, ich habe es getestet. Je mehr Obst Sie verwenden, desto größer ist das Risiko, dass die Küche stundenlang gereinigt werden muss.

Die Informationen und Rezepte in diesem Buch wurden mit größtmöglicher Sorgfalt zusammengestellt. Dennoch haften weder der Verlag, noch die Autorin oder Übersetzerin für eventuelle Nachteile oder Schäden, die aus den im Buch gegebenen Hinweisen resultieren. Im Zweifelsfall sollten Sie Ihren Hausarzt konsultieren.

Achten Sie stets auf Sauberkeit und Hygiene bei der Herstellung von fermentierten Getränken.

© Eliq Maranik and Stevali Production

Text & Fotos: Eliq Maranik
Fotos von Eliq: Anna Enström Shine Photography
Art Director: Eliq Maranik & Liis Karu
Design: Liis Karu
Redaktion: Eva Stjerne, Ord & Form

© für diese deutsche Ausgabe: h.f.ullmann publishing GmbH

Übersetzung aus dem Schwedischen: Frauke Watson
Satz: ce redaktionsbüro für digitales publizieren
Projektmanagement für h.f.ullmann: Katharina Pferdmenges

Gesamtherstellung: h.f.ullmann publishing GmbH, Potsdam

Printed in Slovenia, 2017

ISBN 978-3-8480-1130-8

10 9 8 7 6 5 4 3 2 1
X IX VIII VII VI V IV III II I

www.ullmannmedien.com
info@ullmannmedien.com
facebook.com/ullmannmedien
twitter.com/ullmannmedien